RELATION

DES FUNÉRAILLES

DE

NAPOLÉON,

EXHUMATION, TRANSLATION, PIÈCES OFFICIELLES, ETC.,

SUIVIES

DES CENDRES DE NAPOLÉON,

POÈME,

PAR TH. VILLENAVE FILS,

Capitaine de la XIᵉ Légion,

Troisième édition, ornée de Vignett

PAR

CHARLET ET HORACE VERNET.

PRIX : 75 CENTIMES.

PARIS.

AMABLE RIGAUD (ANCIENNE MAISON DESCHAMPS),

PASSAGE VIVIENNE ;

PAUL MASGANA, GALERIE DE L'ODÉON.

1840

RELATION

DES FUNÉRAILLES

DE

NAPOLÉON.

AVIS.

Les dessins d'Horace Vernet qui ornent le poème des *Cendres de Napoléon* sont dus à la complaisance désintéressée de la maison Dubochet et Comp^e ; ils appartiennent à l'histoire de *Napoléon* par Laurent de l'Ardèche, l'un des livres de notre époque qui a eu et obtient toujours le plus grand succès.

IMPRIMERIE ET LITHOGRAPHIE DE FÉLIX MALTESTE ET Cie,
RUE DES DEUX-PORTES-SAINT-SAUVEUR, N° 18.

RELATION

DES FUNÉRAILLES

DE

NAPOLÉON,

EXHUMATION, TRANSLATION, PIÈCES OFFICIELLES, ETC.,

SUIVIES

DES CENDRES DE NAPOLÉON,

POÈME,

PAR Th. VILLENAVE FILS,

Capitaine de la XIᵉ Légion,

Troisième édition, ornée de Vignettes

PAR

CHARLET ET HORACE VERNET.

PARIS.

AMABLE RIGAUD (ANCIENNE MAISON DESCHAMPS),

PASSAGE VIVIENNE;

PAUL MASGANA, GALERIE DE L'ODÉON.

—

1840

RELATION

DES FUNÉRAILLES

DE

NAPOLÉON.

EXHUMATION, TRANSLATION ET PIÈCES OFFICIELLES.

Les cendres de Napoléon, le plus grand homme des temps anciens et modernes, furent demandées à l'Angleterre, le 5 mai 1840, par le ministère du 1ᵉʳ mars.

Le cabinet anglais s'empressa de faire droit à cette demande, en exprimant l'opinion que « s'il existait quelque part des traces de ces animosités nationales qui, pendant la vie de l'Empereur, armèrent l'une contre l'autre la France et l'Angleterre, de pareils senti-mens *seraient ensevelis dans la tombe où les restes de Napoléon allaient être déposés.* »

Belles paroles trompeuses que les peuples applaudirent, et que les événemens allaient bientôt démentir.

M. de Rémusat, alors ministre de l'intérieur, fit la

communication suivante, dans la séance du 12 mai, à la chambre des députés, présidée par M. Sauzet.

« Messieurs, le roi a ordonné à S. A. R. Mgr. le prince de Joinville de se rendre avec sa frégate à l'île de Sainte-Hélène (mouvement), pour y recueillir les restes mortels de l'Empereur Napoléon... (Bravos prolongés.)

» Nous venons vous demander les moyens de les recevoir dignement sur la terre de France, et d'élever à Napoléon son dernier tombeau. (Très bien !)

» Le gouvernement, jaloux d'accomplir un devoir national, s'est adressé à l'Angleterre ; il lui a redemandé le précieux dépôt que la fortune avait mis dans ses mains. A peine exprimée, la pensée de la France a été accueillie. Voici les paroles de notre magnanime alliée :

» Le gouvernement de Sa Majesté britannique espère que la promptitude de sa réponse sera considérée en France comme une preuve de son désir d'effacer jusqu'à la dernière trace de ces animosités nationales qui, pendant la vie de l'Empereur, armèrent l'une contre l'autre la France et l'Angleterre. Le gouvernement de Sa Majesté britannique aime à croire que si de pareils sentimens existent encore quelque part, ils seront ensevelis dans la tombe où les restes de Napoléon vont être déposés. » (Vive approbation).

« L'Angleterre a raison, messieurs ; cette noble restitution resserre encore les liens qui nous unissent ; elle achève de faire disparaître les traces douloureuses du passé. Le temps est venu où les deux nations ne doivent plus se souvenir que de leurs gloires.

» La frégate chargée des restes mortels de Napoléon se présentera, au retour, à l'embouchure de la Seine ; un autre bâtiment les rapportera jusqu'à Paris. Ils seront déposés aux Invalides. Une cérémonie solennelle, une grande pompe religieuse et militaire inaugureront le tombeau qui doit les garder à jamais.

» Il importe, en effet, messieurs, à la majesté d'un tel souvenir, que cette sépulture auguste ne demeure pas exposée sur une place publique, au milieu d'une foule bruyante et distraite. Il convient qu'elle soit placée dans un lieu silencieux et sacré où puissent la visiter, avec recueillement, tous ceux qui respectent la gloire et le génie, la grandeur et l'infortune.

« Il fut empereur et roi ; il fut le souverain légitime de notre pays. (Mouvement.) A ce titre il pourrait être inhumé à Saint-Denis ; mais il ne faut pas à Napoléon la sépulture ordinaire des rois. Il faut qu'il règne et commande encore dans l'enceinte où vont se reposer les soldats de la patrie, et où iront toujours s'inspirer ceux qui seront appelés à la défendre. (Bien ! bien). Son épée sera déposée sur sa tombe.

» L'art élevera sous le dôme, au milieu du temple consacré par la religion au dieu des armées, un tombeau digne, s'il se peut, du nom qui doit y être gravé. Ce monument doit avoir une beauté simple, des formes grandes et cet aspect de solidité inébranlable qui semble braver l'action du temps. Il faudrait à Napoléon un monument durable comme sa mémoire.

» Le crédit que nous venons demander aux cham-

bres a pour objet la translation aux Invalides, la cérémonie funéraire, la construction du tombeau.

» Nous ne doutons pas, messieurs, que la chambre
ne s'associe avec une émotion patriotique à la pensée
royale que nous venons exprimer devant elle. Désormais la France, et la France seule, possédera tout ce
qui reste de Napoléon. Son tombeau, comme sa re-
nommée, n'appartiendra à personne qu'à son pays.

» La monarchie de 1830 est en effet l'unique et légitime héritière de tous les souvenirs dont la France
s'énorgueillit. Il lui appartenait sans doute à cette monarchie qui, la première, a rallié toutes les forces et
concilié tous les vœux de la révolution française, d'é-
lever et d'honorer sans crainte la statue et la tombe
d'un héros populaire; car il y a une chose, une seule,
qui ne redoute pas la comparaison avec la gloire, c'est
la liberté. » (Applaudissemens prolongés.)

M. le ministre de l'intérieur donne lecture du projet de loi :

Art. 1er. Il est ouvert au ministre de l'intérieur, sur
l'exercice 1840, un crédit spécial d'un million pour
la translation des restes mortels de l'empereur Napoléon à l'église des Invalides, et pour la construction
de son tombeau.

Art. 2. Il sera pourvu à la dépense autorisée par la
présente loi au moyen des ressources accordées par
la loi des finances du 10 août 1839, pour les besoins
de l'exercice 1840.

La chambre donne acte.

Cette lecture provoque dans la chambre les plus
vifs applaudissemens.

Ce projet de loi fut adopté par la chambre des Députés, dans sa séance du 26 mai 1840, et par la chambre des pairs, le 9 juin 1840.

RAPPORT *adressé à M. le ministre de la marine par M. le prince* DE JOINVILLE, *commandant la frégate* LA BELLE-POULE.

« En rade de Cherbourg, 30 novembre 1840.

» Monsieur le ministre,

» Ainsi que j'ai eu l'honneur de vous l'annoncer, je suis parti, le 14 septembre, de la baie de Tous-les-Saints ; j'ai prolongé la côte du Brésil avec des vents d'est qui, ayant hâlé le nord-est et le nord, m'ont permis d'atteindre promptement le méridien de Sainte-Hélène sans que j'aie eu à dépasser le parallèle du 28° sud. Arrivé sur ce méridien, des calmes et des folles-brises m'ont causé quelque retard. Le 8 octobre, je mouillais sur la rade de James-Town.

» Le brick *l'Oreste*, détaché par M. le vice-amiral de Mackau pour remettre à *la Belle-Poule* un pilote de la Manche, était arrivé la veille. Ce bâtiment ne m'apportant aucune instruction nouvelle, je me suis occupé immédiatement des ordres que j'avais précédemment reçus.

» Mon premier soin a été de mettre M. de Chabot, commissaire du roi, en rapport avec M. le général Middlemore, gouverneur de l'île. Ces messieurs avaient à régler, selon leurs instructions respectives, la manière dont il devait être procédé à l'exhumation des restes de l'Empereur et à leur translation à bord de *la Belle-Poule*. L'exécution des projets arrêtés fut fixée au 15 octobre.

» Le gouverneur voulut se charger de l'exhumation et de tout ce qui devait avoir lieu sur le territoire anglais. Pour moi, je réglai, par l'ordre du 13 octobre, dont je vous envoie ci-joint copie, les honneurs à rendre, dans les journées du 15 et du 16, par la division placée sous mes ordres. Les navires du commerce français, *la Bonne-Aimée*, capitaine Gallet, et *l'Indien*, capitaine Truquetil, s'associèrent à nous avec empressement.

» Le 15, à minuit, l'opération a été commencée en présence des commissaires français et anglais, M. de Chabot et le capitaine Alexander R. E. Ce dernier dirigeait les travaux. M. de Chabot rendant au gouvernement un compte circonstancié des opérations dont il a été le témoin, je crois pouvoir me dispenser d'entrer dans les mêmes détails; je me bornerai à vous dire qu'à dix heures du matin le cercueil était à découvert dans la fosse. Après l'en avoir retiré intact, on procéda à son ouverture, et le corps fut trouvé dans un état de conservation inespéré. En ce moment solennel, à la vue des restes si reconnaissables de celui qui fit tant pour les gloires de la France, l'émotion fut profonde et unanime.

» A trois heures et demie, le canon des forts annonçait à la rade que le cortége funèbre se mettait en marche vers la ville de James-Town. Les troupes de la milice et de la garnison précédaient le char reconvert du drap mortuaire, dont les coins étaient tenus par les généraux Bertrand et Gourgaud et par MM. de Las Cases et Marchand; les autorités et les habitans suivaient en foule. Sur rade, le canon de la frégate avait répondu à celui des forts, et tirait de minute en minute. Depuis le matin, les vergues étaient en pantenne, les pavillons à mi-mât, et tous les navires français et étrangers s'étaient associés à ces signes de deuil. Quand le cortége a paru sur le quai, les troupes anglaises ont formé la haie, et le char s'est avancé lentement vers la plage.

» Au bord de la mer, là où s'arrêtaient les lignes anglaises, j'avais réuni autour de moi les officiers de la division française; tous, en grand deuil et la tête découverte, nous attendions l'approche du cercueil; à vingt pas de nous, il s'est arrêté, et le général-gouverneur s'avançant vers moi m'a remis, au nom de son gouvernement, les restes de l'empereur Napoléon.

» Aussitôt le cercueil a été descendu dans la chaloupe de la frégate disposée pour le recevoir, et là encore l'émotion a été grave et profonde : le vœu de l'Empereur mourant commençait à s'accomplir; ses cendres reposaient sous le pavillon national.

» Tout signe de deuil a été dès lors abandonné; les mêmes honneurs que l'Empereur aurait reçus de son vivant ont été rendus à sa dépouille mortelle; et c'est au milieu des salves des navires pavoisés, avec leurs équipages rangés sur les vergues, que la chaloupe, escortée par les canots de tous les navires, a pris lentement le chemin de la frégate.

» Arrivé à bord, le cercueil a été reçu entre deux

rangs d'officiers sous les armes et porté sur le gaillard d'arrière, disposé en chapelle ardente, ainsi que vous me l'aviez prescrit; une garde de soixante hommes, commandée par le plus ancien lieutenant de la frégate, rendait les honneurs. Quoiqu'il fût déjà tard, l'absoute fut dite, et le corps resta ainsi exposé toute la nuit. M. l'aumônier et un officier ont veillé près de lui.

» Le 16, à dix heures du matin, les officiers et les équipages des navires de guerre et de commerce français étant réunis à bord de la frégate, un service funèbre solennel fût célébré; on descendit ensuite le corps dans l'entrepont, où une chapelle ardente avait été préparée pour le recevoir.

» A midi, tout était terminé, et la frégate en appareillage; mais la rédaction des procès-verbaux a demandé deux jours, et ce n'est que le 18 au matin que *la Belle-Poule* et *la Favorite* ont pu mettre sous voiles. L'*Oreste*, parti en même temps, a fait route pour sa destination.

» Après une traversée heureuse et facile, je viens de mouiller sur rade de Cherbourg, à cinq heures du matin.

» Veuillez, amiral, recevoir l'assurance de mon respect.

» Le capitaine de *la Belle-Poule,*
» *Signé* : F. D'ORLÉANS. »

Relation *officielle de l'exhumation et de la translation des cendres de* Napoléon.

« C'est le 8 octobre au matin, après soixante-six jours de mer depuis Toulon et vingt-quatre depuis Bahia, que la frégate la *Belle-Poule* et la corvette la *Favorite* furent en vue de James-Town, la capitale de l'île. Le brick français l'*Oreste* et la goëlette anglaise le *Dolphin* étaient les seuls bâtimens en rade. L'*Oreste* salua le prince; le *Dolphin* tira ensuite vingt-un coups de canon. La frégate rendit le salut du *Dolphin*, puis elle salua la terre, et les forts répondirent par un salut royal de vingt-un coups.

» A l'entrée en rade de la *Belle-Poule*, et avant le mouillage même l'état-major du général Middlemore, gouverneur de l'île, se rendit à bord en grand uniforme, avec le commandant du *Dolphin*, pour complimenter le prince. Le gouverneur, retenu dans sa maison de campagne de Plantation-House, l'avait chargé de témoigner au prince de Joinville tous ses regrets, et de lui offrir pour son logement et celui de sa suite le château de James-Town, qui, d'après les ordres venus de Londres, lui avait été préparé.

» Le 9 octobre au matin, M. le prince de Joinville descendit à terre en grand uniforme, accompagné de M. le commandant Hernoux, son aide-de-camp, de MM. les généraux Bertrand et Gourgaud, de M. de Rohan-Chabot, commissaire du roi, de M. de Las Cases, de M. Marchand, de M. l'abbé Coquereau, aumônier de la *Belle-Poule*, et de plusieurs officiers des trois bâtimens. Toute la garnison était sous les armes pour le passage du prince. Il entra d'abord au château, où les autorités lui furent présentées; puis se rendit à cheval à Plantation-House, chez le gouverneur qui était hors d'état de quitter sa maison.

» Après une première conférence sur l'objet de sa mission et les moyens de l'accomplir, M. le prince de Joinville s'empressa d'aller visiter le tombeau de Napoléon à Longwood; course pleine d'un intérêt douloureux, et pour les compagnons du jeune prince qui revoyaient, après vingt années d'absence, le lieu de leur exil, et pour ceux-là mêmes qui contemplaient, pour la première fois, ce dernier asile de tant de gloire.

» Dans les journées du 11, du 12 et du 13, les équipages des trois bâtimens de guerre furent conduits par détachemens au tombeau de Longwood, et chaque homme put rapporter un souvenir de sa visite. De leur côté, MM. Bertrand, de Las Cases, Gourgaud et Marchand, consacrèrent ces trois jours à parcourir les lieux où ils avaient si souvent vu et suivi l'Empereur; et ces nobles compagnons de sa captivité recueillirent constamment, dans leurs courses à travers l'île, les témoignages les plus flatteurs du respect et de l'affection qu'a conservés pour eux la population de Sainte-Hélène.

» La journée du 15 octobre, vingt-cinquième anniversaire de l'arrivée de l'auguste exilé à Sainte-Hélène, avait été définitivement fixée pour la cérémonie de la translation. La veille, dans l'après midi, les cercueils venus de France sur la *Belle-Poule*, le char funèbre, construit dans l'ile par ordre du gouverneur, et les divers objets nécessaires pour les opérations, furent successivement dirigés vers la vallée du Tombeau. A dix heures du soir, les personnes désignées pour assister, du côté de la France, à l'exhumation, descendirent à terre et se dirigèrent vers le lieu de la sépulture. Un motif de haute convenance interdit à M. le prince de Joinville de se mettre à leur tête. Toutes les opérations, jusqu'à l'arrivée du cercueil impérial au lieu de l'embarquement, devant être conduites par des soldats étrangers, le prince pensa qu'en sa qualité de commandant supérieur de l'expédition, il ne devait pas assister à des travaux qu'il ne pourrait point diriger, et se décida à ne paraître sur la terre anglaise qu'à la tête des états-majors des bâtimens français, et dans une position qui lui permît de présider lui-même à tous les honneurs qu'il était chargé de rendre à la dépouille mortelle de Napoléon.

» Les généraux Bertrand et Gourgaud, MM. de Chabot, de Las Cases, Marchand, Arthur Bertrand, l'abbé Coquereau et les deux enfans de chœur; MM. Saint-Denis, Noverrat, Pierron, Archambault, anciens serviteurs de Napoléon, les capitaines de corvette Guyet, Charner et Dorat et M. le docteur Guillard, chirurgien-major de la *Belle-Poule*, furent seuls introduits dans l'enceinte réservée autour du tombeau pendant la durée des opérations.

» La vallée était gardée, depuis le coucher du soleil, par un détachement de soldats de la garnison, ayant ordre d'en écarter toute personne qui n'aurait pas été désignée par l'un des commissaires. Le général Middlemore avait désigné pour cette fonction M. le capitaine de génie Alexander. Ce fut cet officier qui, accompagné des principales autorités de l'île, reçut sur les lieux le commissaire français, M. de Chabot, et les autres envoyés de France.

» Commencés à minuit et demi, les travaux ont été poussés sans relâche, et avec une grande activité, pendant plus de neuf heures. On avait pu craindre qu'en dépit de tous les efforts et malgré les deux opérations tentées simultanément pour arriver jusqu'au cercueil, la plus grande partie du jour ne s'écoulât avant que l'exhumation fût terminée, et qu'on ne fût forcé de remettre la translation au lendemain. Mais, dès le point du jour, toute inquiétude avait cessé sur ce point, grâce à l'habile direction du capitaine Alexander et à son empressement à déférer aux désirs du commissaire français; trop d'éloges ne sauraient également être donnés à l'excellente tenue des ouvriers et des soldats réunis sous ses ordres, et qui, tout en poursuivant leurs travaux avec un zèle infatigable, semblaient aussi vouloir s'associer à nos sentimens par leur recueillement et leur silence respectueux.

» A neuf heures et demie du matin, la terre avait été entièrement retirée du caveau, toutes les couches horizontales démolies, et la grande dalle qui recouvrait le sarcophage intérieur détachée et enlevée à l'aide d'une chèvre. Les travaux en maçonnerie cimentée qui entouraient de toutes parts le cercueil, et auxquels les dix-neuf années déjà écoulées n'avaient porté aucune atteinte, l'avaient tellement préservé des effets de l'atmosphère et de la source voisine, qu'à la première vue il ne semblait en aucune façon altéré; le sarcophage en dalles, lui-même parfaitement conservé, était à peine humide. Dès que l'abbé Coquereau eut récité les premières prières, le cercueil fut retiré avec le plus grand soin, et porté par des soldats du génie, nu-tête, dans une tente dressée pour le recevoir auprès du tombeau.

» Après la cérémonie religieuse de la levée du corps, les cercueils intérieurs furent ouverts, sur la demande du commissaire du roi, afin que M. le docteur Guillard pût prendre les mesures nécessaires pour garantir les restes mortels de Napoléon de toute décompotion ultérieure. Le premier cercueil extérieur était légèrement altéré; le cercueil de plomb était en bon état et renfermait deux autres cercueils, l'un en bois, l'autre en fer-blanc, dont les recouvremens furent successivement enlevés avec le plus grand soin. Le dernier cercueil avait été doublé intérieurement d'une garniture de satin blanc qui, détachée par l'effet du temps, était retombée sur le corps et l'enveloppait comme un linceul, en y adhérant légèrement.

» Il est difficile de décrire avec quelle émotion les assistans attendaient le moment qui devait leur révéler tout ce que la mort avait laissé de Napoléon. Malgré le singulier état de conservation de la tombe et des cercueils, à peine pouvaient-ils espérer de trouver quelques restes informes, dont les parties les moins périssables du costume eussent seules assuré l'identité. Mais quand, par la main du docteur Guillard, le drap de satin fut soulevé, un mouvement indéfinissable de surprise et d'attendrissement éclata parmi les spectateurs, et la plupart d'entre eux fondirent en larmes. L'Empereur lui-même était devant eux! Les traits de la figure, bien qu'altérés, étaient parfaitement reconnaissables; les mains parfaitement belles; le costume, si connu, avait un peu souffert, et les couleurs en étaient facilement distinguées; les épaulettes, les décorations, le chapeau semblaient entièrement conservés; la pose, elle-même, était pleine d'abandon; et, sauf les débris de la garniture de satin qui recouvraient, comme d'une gaze très fine, plusieurs parties de l'uniforme, nous aurions pu croire Napoléon étendu sur son lit de parade. M. le général Bertrand, M. Marchand et les autres personnes présentes qui avaient assisté à l'exhumation, nous indiquèrent rapidement les divers objets déposés par eux dans le cercueil : chacun était demeuré dans la position exacte qu'ils lui avaient assignée. On remarqua même que la main gauche que le grand maréchal avait prise pour la baiser une dernière fois, au moment où l'on fermait le cercueil, était légèrement soulevée; entre les jambes, auprès du chapeau, on apercevait les deux vases qui renferment le cœur et l'estomac...

Les deux cercueils intérieurs ont été soigneusement refermés; l'ancien cercueil de plomb a été fortement assujéti dans le nouveau avec des coins de bois, et les deux ont été soudés avec les précautions les plus minitieuses, sous la direction du docteur Guillard. Ces diverses opérations terminées, le sarcophage en ébène a été fermé, ainsi que son enveloppe de chêne.

» En remettant la clé du sarcophage d'ébène au comte de Chabot, commissaire du roi, le capitaine Alexander lui a déclaré, au nom du gouverneur, que ce cercueil, renfermant les restes mortels de l'Empereur Napoléon, serait considéré comme à la disposition du gouvernement français dès ce jour, et du moment où il serait arrivé au lieu d'embarquement, vers lequel il allait être dirigé, sous les ordres du général Middlemore. Le commissaire du roi répondit qu'il était chargé par son gouvernement d'accepter, en son nom, ce cercueil des mains des autorités britanniques, et qu'il était prêt, ainsi que les diverses personnes composant la mission française, à le suivre jusqu'au quai de James-Town, où M. le prince de Joinville, commandant supérieur de l'expédition, était dans l'intention de venir le recevoir pour le conduire solennellement à bord de sa frégate.

» Un char à quatre chevaux, décoré d'emblèmes funèbres, avait été préparé avant l'arrivée de l'expédition pour recevoir le cercueil, ainsi qu'un drap mortuaire et un harnachement de deuil complet. Quand le sarcophage eut été placé sur le char, le tout fut recouvert d'un magnifique manteau impérial envoyé de Paris, et dont les quatre coins furent remis à MM. les lieutenans-généraux Bertrand et Gourgaud, au baron de Las Cases et à M. Marchand. A trois heures et demie le char funèbre s'est mis en marche, précédé d'un enfant de chœur portant la croix et de M. l'abbé Coquereau. M. de Chabot conduisait le deuil comme commissaire accrédité du gouvernement français. Toutes les autorités de l'île, tous les principaux habi-

tans et la garnison entière ont suivi la marche funèbre depuis la tombe jusqu'au quai. Mais, sauf l'escorte
d'artilleurs nécessaires pour conduire les chevaux et
pour soutenir, par momens, le char lui-même dans les
descentes difficiles, les places les plus rapprochées du
cercueil avaient été réservées pour la mission française. Le général Middlemore, malgré l'état fort affai-
bli de sa santé, a voulu suivre toute la marche à pied,
ainsi que le général Churchill, chef d'état-major de
l'armée des Indes, arrivé depuis deux jours de Bom-
bay. L'immense poids du cercueil et l'extrême diffi-
culté de la route rendaient nécessaire. pendant presque tout le trajet, une surveillance de tous les instans.
M. le colonel Trelawney voulut commander en personne le petit détachement d'artillerie chargé de conduire le char, et, grâce à ses soins, la translation a pu
s'effectuer sans le moindre accident.

» Depuis le moment du départ jusqu'à l'arrivée sur
le quai, le canon des forts et les batteries de la *Belle-
Poule* ont tiré de minute en minute. Après une heure
de marche la pluie cessa pour la première fois depuis
le commencement des travaux, et, arrivés en vue de
la ville, nous trouvâmes un ciel brillant et un temps
magnifique.

» Dès le matin, les trois bâtimens de guerre français, la *Belle-Poule*, la *Favorite* et l'*Oreste* avaient pris
le grand deuil royal, les vergues en croix et les pavillons en berne. Deux navires de commerce français
la *Bonne-Aimée*, capitaine Gillet, et l'*Indien*, capitaine Truquetil, qui se trouvaient en rade depuis deux
jours, s'étaient mis sous les ordres du prince, et ils

ont imité pendant toute la cérémonie les mouvemens de la *Belle-Poule.* Les forts de la ville et les maisons des consuls avaient également descendu leurs pavillons à mi-mât.

» Parvenues à l'entrée de la ville les troupes de la garnison et de la milice se déployèrent en deux lignes jusqu'à l'extrémité du quai, en prenant la position de deuil de l'armée anglaise, les soldats appuyés sur leurs armes renversées, les officiers le crêpe au bras et la tête posée sur le pommeau de leur épée. Tous les habitans avaient été consignés dans leurs maisons ou garnissaient les terrasses qui dominent la ville, et les rues n'étaient occupées que par les troupes, le 91ᵉ tenant la droite et la milice la gauche. Le cortége s'avança lentement entre deux haies de soldats, au son d'une marche funèbre et au bruit des canons des forts, de la *Belle-Poule* et du *Dolphin,* répété mille fois par les échos des immenses rochers qui s'élèvent au-dessus de James-Town.

» Après deux heures de marche le cortége s'arréta à l'extrémité du quai, où M. le prince de Joinville s'était placé à la tête de l'état-major des trois bâtimens français. Les plus grands honneurs officiels avaient été rendus par les autorités anglaises à la mémoire de l'Empereur; des hommages éclatans avaient signalé les adieux de Sainte-Hélène à son cercueil; dès ce moment la dépouille mortelle allait appartenir à la France.

» Quand le char se fut arrêté M. le prince de Joinville s'avança seul, et, en présence de tous les assistans découverts, reçut solennellement le cercueil impérial des mains du général Middlemore. Le prince remercia ensuite le gouverneur, au nom de la France, de tous les témoignages de sympathie et de respect dont les autorités et les habitans de Sainte-Hélène avaient entouré cette cérémonie mémorable.

» Une chaloupe d'honneur avait été disposée pour recevoir le cercueil. Pendant l'embarquement que M. le prince de Joinville dirigea lui-même, la musique joua des airs funèbres et toutes les embarcations se tinrent à l'entour, les avirons mâtés. Quand le sarcophage toucha la chaloupe, un magnifique pavillon royal, que les dames de James-Town avaient voulu broder elles-mêmes, fut élevé, et dès lors la frégate redressa ses vergues et déploya ses pavois; tous les mouvemens de la *Belle-Poule* furent imités sur le champ par les autres bâtimens. Notre deuil avait cessé avec l'exil de Napoléon, et la division française se parait de tous ses ornemens de fête pour recevoir le cercueil impérial sous le drapeau de la France.

» Le sarcophage fut recouvert dans la chaloupe du manteau impérial. Le prince de Joinville se plaça lui-même à la barre, M. le commandant Guyet, sur l'avant; MM. les généraux Bertrand et Gourgaud, M. le baron Las Cases, M. Marchand et l'abbé Coquereau, occupèrent auprès du corps la même place que dans le cortége; M. le comte de Chabot se tint avec M. le commandant Hernoux sur l'arrière, un peu devant le prince.

» Dès que la chaloupe se fut éloignée du quai, la terre tira le grand salut de vingt-un coups de canon, et nos bâtimens envoyèrent la première salve de toute leur artillerie; les deux autres furent tirées pendant le trajet du quai à la frégate, la chaloupe nageant très lentement, entourée de toutes les autres embarcations. A six heures et demie elle atteignit la *Belle-Poule*; tous nos bâtimens avaient les hommes sur les vergues, le chapeau à la main.

» M. le prince de Joinville avait fait disposer sur le pont de la frégate une chapelle parée de drapeaux et de faisceaux d'armes, et dont l'autel avait été élevé au pied du mât d'artimon. Porté par nos matelots, le cercueil passa entre deux haies d'officiers l'épée nue, et fut placé sur les panneaux du gaillard d'arrière. L'absoute fut faite le soir même par l'abbé Coquereau.

» Le lendemain, 16, à dix heures, une messe solennelle fut célébrée sur le pont, en présence des états-majors et d'une portion des équipages; M. le commandant supérieur se tenait aux pieds du corps. Les canons de la *Favorite* et de l'*Oreste* tirèrent de minute en minute pendant cette cérémonie, qui fut terminée par une absoute solennelle, à laquelle prirent part, en venant jeter l'eau bénite sur le cercueil, M. le prince de Joinville, la mission, les états-majors et les premiers maîtres des bâtimens.

» A onze heures toutes les cérémonies de l'église étaient accomplies, tous les honneurs souverains avaient été rendus à la dépouille mortelle de Napoléon. Le cercueil fut descendu avec soin dans l'entrepont et placé dans la chapelle ardente disposée à Toulon pour le recevoir. En ce moment les bâtimens tirèrent une dernière salve de toute leur artillerie; puis la frégate serra ses pavois en ne conservant que le pavillon de poupe et le drapeau royal au grand mât.

» Le dimanche 18, à huit heures du matin, la *Belle-Poule* quitta Sainte-Hélène, emportant son précieux dépôt.

» Pendant tout le séjour de la mission à James-Town, les meilleures relations n'ont cessé d'exister entre la population de l'île et les Français. M. le prince de Joinville et ses compagnons ont rencontré de toutes parts et constamment les plus grandes prévenances, et reçu les plus vifs témoignages de sympathie. Les autorités et les habitans ont dû éprouver sans doute un profond sentiment de regret en voyant enlever à leur île le cercueil qui l'avait rendue si célèbre; mais ils l'ont réprimé avec une courtoisie qui fait honneur à la loyauté de leur caractère. »

PROCÈS-VERBAL D'EXHUMATION.

« Je soussigné Guillard (Remy-Jullien), docteur en médecine, chirurgien-major de la *Belle-Poule*, m'étant rendu, dans la nuit du 14 au 15 octobre 1840, sur l'invitation de M. le comte de Rohan-Chabot, commissaire du roi, à la vallée du Tombeau, île de Sainte-Hélène, pour y assister à l'exhumation des restes de l'empereur Napoléon, en ai dressé le présent procès-verbal :

» Pendant les premiers travaux, il n'a point été pris de précautions sanitaires, aucune exhalaison méphytique n'est sortie des terres que l'on remuait, ni du caveau dont on faisait l'ouverture.

» Le caveau ayant été ouvert, j'y suis descendu : au fond, était le cercueil de l'empereur; il reposait sur une large dalle, assise elle-même sur des montans en pierre. Les planches en acajou, qui le formaient, avaient encore leur couleur et leur dureté, excepté celles du fond qui, garnies de velours, présentaient un peu d'altération dans les couches les plus superficielles. On ne voyait à l'entour aucun corps solide ni liquide. Quant aux parois du caveau, elles n'offraient pas la plus légère dégradation ; çà et là quelques traces d'humidité.

» M. le commissaire du roi m'ayant engagé à ouvrir les cercueils intérieurs, j'ai dû les soumettre d'abord à quelques mesures sanitaires; immédiatement après, j'ai procédé à leur ouverture. La caisse extérieure était fermée par de longues vis; il a fallu les couper pour enlever le couvercle; dessous était une caisse en plomb, close de toutes parts, qui enveloppait une autre caisse en acajou, parfaitement intacte; venait enfin une quatrième caisse en fer-blanc, dont le couvercle était soudé sur les parois qui se repliaient en dedans. La soudure a été coupée lentement, et le couvercle enlevé avec précaution; alors j'ai vu un tissu blanchâtre qui cachait l'intérieur du cercueil et empêchait d'apercevoir le corps : c'était du satin ouaté, formant une garniture dans l'intérieur de cette caisse. Je l'ai soulevé par une extrémité, et, le roulant sur lui-même, des pieds vers la tête, j'ai mis à découvert le corps de Napoléon que j'ai reconnu aussitôt, tant son corps était bien conservé, tant sa tête avait de vérité dans son expression.

» Quelque chose de blanc qui semblait détaché de la garniture couvrait, comme d'une gaze légère, tout ce que renfermait le cercueil. Le crâne et le front, qui adhéraient fortement au satin, en étaient surtout enduits : on en voyait peu sur le bas de la figure, sur les mains, sur les orteils. Le corps de l'Empereur avait une position aisée; c'était celle qu'on lui avait donnée en le plaçant dans le cercueil; les membres supérieurs étaient allongés, l'avant-bras et la main gauche appuyant sur la cuisse correspondante; les membres inférieurs légèrement fléchis; la tête un peu élevée reposait sur un coussin; le crâne volumineux, le front haut et large, se présentaient couverts de té- gumens jaunâtres, durs et très adhérens. Tel paraissait aussi le contour des orbites, dont le bord supérieur était garni de sourcils. Sous les paupières se dessinaient les globes oculaires, qui avaient perdu peu de chose de leur volume et de leur forme. Ces paupières, complètement fermées, adhéraient aux parties sous-jacentes et se présentaient dures sous la pression des doigts. Quelques cils se voyaient encore à leur bord libre. Les os propres du nez et les tégumens qui les couvrent étaient bien conservés, le tube et les ailes seuls avaient souffert. Les joues étaient bouffies. Les tégumens de cette partie de la face se faisaient remarquer par leur toucher doux, souple et leur couleur blanche; ceux du menton étaient légèrement bleuâtres; ils empruntaient cette teinte à la barbe qui semblait avoir poussé après la mort. Quant au menton lui-même, il n'offrait point d'altération et conservait encore ce type propre à la figure de Napoléon. Les lèvres amincies étaient écartées; trois dents incisives, extrêmement blanches, se voyaient sous la lèvre supérieure, qui était un peu relevée à gauche. Les mains ne laissaient rien à désirer; nulle part la plus légère altération. Si les articulations avaient perdu leurs mouvemens, la peau semblait avoir conservé cette couleur particulière qui n'appartient qu'à ce qui a vie. Les doigts portaient des ongles longs, adhérens et très blancs. Les jambes étaient renfermées dans les bottes; mais, par suite de la rupture des fils, les quatre derniers orteils dépassaient de chaque côté; la peau de ces orteils était d'un blanc mat et garnie d'ongles. La région antérieure du thorax était fortement déprimée dans la partie moyenne, les parois du ventre dures et affaissées. Les membres paraissaient avoir conservé leurs formes sous les vêtemens qui les couvraient; j'ai pressé le bras gauche, il était dur et avait diminué de volume. Quant aux vêtemens, ils se présentaient avec leurs couleurs : ainsi on reconnaissait parfaitement l'uniforme des chasseurs à cheval de la vieille garde, au vert foncé de l'habit, au rouge vif des paremens; le grand cordon de la Légion-d'Honneur se dessinait sur le gilet, et la culotte blanche était cachée en partie par le petit chapeau qui reposait sur ses cuisses. Les épaulettes, la plaque et les deux décorations attachées sur la poitrine n'avaient plus leur brillant; elles étaient noircies. La couronne d'or de la

croix d'officier de la Légion-d'Honneur seule avait
conservé son éclat. Des vases d'argent apparaissaient
entre les jambes; un d'eux, surmonté d'un aigle,
s'élevait entre les genoux; je le trouvai intact et fermé.
Comme il existait des adhérences assez fortes entre
ces vases et les parties voisines qui les couvraient un
peu, M. le commissaire du roi n'a pas cru devoir les
déplacer pour les examiner de plus près.

» Tels sont les seuls détails que m'ait permis d'en-
registrer, sur les restes mortels de l'empereur Napoléon, un examen qui n'a duré que deux minutes. Ils
sont incomplets, sans doute, mais ils suffisent pour
constater un état de conservation plus parfait que je
n'étais fondé à l'attendre d'après les circonstances con-
nues de l'autopsie et de l'inhumation. Ce n'est point
ici le lieu d'examiner les causes nombreuses qui ont
pu arrêter, à ce point, la décomposition des tissus;
mais nul doute que l'extrême solidité de la maçonnerie du tombeau et les soins apportés à la confection
et à la soudure des cercueils métalliques n'aient con-
tribué puissamment à produire ce résultat. Quoi qu'il
en soit, j'ai dû redouter pour ces restes le contact de
l'air atmosphérique, et, convaincu que le meilleur
moyen d'en assurer la conservation était de les sou-
straire à son action destructive, je me suis rendu avec
empressement aux invitations de M. le commissaire
du roi, qui demandait que l'on fermât les cercueils.

» J'ai remis à sa place le satin ouaté, après l'avoir
légèrement enduit de créosote; j'ai fait fermer hermé-
tiquement les caisses en bois, et souder avec le plus
grand soin les caisses en métal.

» Les restes de l'empereur Napoléon sont aujourd'hui dans six cercueils : 1º un cercueil en fer-blanc ; 2º un cercueil en bois d'acajou ; 3º un cercueil en plomb ; 4º un second cercueil en plomb, séparé du précédent par de la sciure et des coins de bois ; 5º un cercueil en bois d'ébène ; 6º un cercueil en bois de chêne, qui protège le cercueil en ébène.

» Fait à l'île de Sainte-Hélène, le 13 du mois d'octobre. »

Signé REMY GUILLARD, docteur médecin.

Le commissaire du roi, PH. DE ROHAN-CHABOT.

ENTRAIT *d'une lettre écrite par un passager de Sainte-Hélène.*

« C'est entre deux montagnes qu'est creusée cette tombe ; auprès coule une fontaine, au bord de laquelle l'Empereur aimait à s'asseoir et à méditer. L'enclos, où gisent trois grandes pierres tumulaires sans inscription, est fermé par une grille de fer à hauteur d'appui. Au nord et au sud, on voit de petites pièces de gazon ; au couchant végètent des plantes grasses, et à l'est s'élèvent deux géraniums qu'on nous a dit avoir été plantés par madame Bertrand. A peine si l'enceinte a douze ou treize mètres de tour ; elle est environnée de jeunes cyprès ; deux ou trois jeunes saules ont poussé près de la tombe ; un peu plus loin, au couchant, nous en avons remarqué un plus grand sous les rameaux duquel Napoléon venait chercher quelque ombrage ; enfin nous en avons trouvé un qui avait été abattu depuis peu, que nous avons divisé et que les équipages de la *Belle-Poule* et de la *Favorite* se sont partagé.

» Notre station devant cette tombe fut triste et recueillie; nous étions le chapeau bas, ne proférant pas une parole. Plus tard, à Longwood, notre visite fut plus pénible encore. Le souvenir des souffrances qu'avait dû éprouver l'Empereur dans cet abominable séjour nous déchirait le cœur. On aura peine à se figurer combien il était mal logé, et combien l'exposition où sa maison avait été construite est meurtrière. On y est tour à tour dévoré par un soleil brûlant, ou traversé par une brume froide et pénétrante. Le climat de Longwood est tout autre que celui de James-Town; les Anglais eux-mêmes avouent qu'ils ont remarqué entre les deux endroits une différence constante de dix degrés au thermomètre de Farenheit. Si nous n'avions eu avec nous le général Bertrand et M. Marchand qui nous ont fait connaître la distribution de cette résidence en carton, nous aurions eu peine à croire que Napoléon eût pu s'y loger. Trois des pièces qu'il habitait ont été transformées en une écurie qui est encore fort étroite. Les trois qui restent sont la salle à manger, la bibliothèque et le salon; et réunies elles pourraient contenir dans une chambre de grandeur ordinaire.

» Les officiers anglais paraissaient honteux de laisser voir cette demeure, et ils auraient désiré qu'on l'eût fait disparaître; mais la cupidité l'a louée très cher, pour en tirer parti en la montrant aux voyageurs; car à Longwood, comme dans toutes les pos-

sessions britanniques, on fait de chaque chose un objet de spéculation. Le culte pour le courage malheureux
et la gloire déchue est une chose qu'on n'y connaît
pas. »

Après que la translation du sarcophage de Napoléon eut été opérée à bord de la frégate *la Belle-
Poule*, le prince de Joinville fit une distribution de
médailles aux états-majors et aux marins qui s'étaient
distingués à son bord, ainsi que la frégate *la Favorite*.
C'était une récompense commémorative de la mission
qui venait d'être si heureusement accomplie. Cette
médaille représente d'un côté l'effigie de Louis-Phi-
lippe, roi des Français, et porte de l'autre l'inscription suivante :

« Loi du 10 juin 1840, ordonnant la translation
» des restes mortels de l'empereur Napoléon, de l'ile
» Sainte-Hélène à l'église de l'hôtel royal des Inva-
» lides de Paris, et la construction de son tombeau
» aux frais de l'état. Son altesse royale le prince de
» Joinville, capitaine de vaisseau, commandant de
» l'expédition. »

Le Pilote du Calvados donne les détails suivans sur
le retour de Sainte-Hélène.

« Il parait qu'à son départ de Sainte-Hélène le
prince de Joinville avait reçu des avis qui lui faisaient
pressentir la possibilité d'une guerre prochaine avec
l'Angleterre. Aussi ne perdit-il pas de temps pour son
retour. Cependant il navigua longtems de conserve

avec la corvette *la Favorite*, capitaine Guyet. Le 31 octobre, *la Belle-Poule* rencontra en mer un bâtiment hambourgeois, qui lui donna des nouvelles d'Europe jusqu'au 29 septembre. C'est par là que le prince apprit le blocus de la Syrie et le départ des quatre consuls, qui étaient en Égypte. Le 2 octobre, par 5° 45' latitude nord, et 26° 45' longitude ouest, la frégate fit la rencontre d'un brick hollandais, *l'Eg-mont*, qui lui remit quelques numéros des journaux des Pays-Bas d'une date assez récente ; leur contenu engagea probablement le prince à hâter sa marche, car il fit des signaux à *la Favorite* pour qu'elle eût à marcher seule, et à se rendre dans le port de France qui lui conviendrait le mieux. Avant de se séparer les deux bâtimens firent leurs dispositions pour le cas où ils seraient attaqués.

« Dès que le conseil de guerre tenu sur *la Belle-Poule* eut exprimé l'avis qu'il fallait, à tout événement, se préparer à une défense énergique, on dut songer à mettre en batterie toutes les pièces que la frégate avait à présenter à l'ennemi. Les chambres provisoires, établies dans la batterie, pour loger les généraux Bertrand, Gourgaud, et les autres personnes ayant mission d'escorter les cendres de l'Empereur, furent démolies, et les cloisons ainsi que tous les meubles élégans qui garnissaient ces chambres furent jetés à la mer. M. le prince de Joinville s'exécuta le premier, et bientôt la frégate avait en batterie six ou huit bouches à feu de plus. »

Du reste, toutes les personnes qui ont, à un titre quelconque, fait partie de l'expédition de Sainte-Hélène s'accordent à dire que M. le prince de Joinville s'est dignement acquitté de la grande et honorable mission qui lui était confiée. Toutes affirment que non seulement le commandant de l'expédition a fait à Sainte-Hélène ce que comme Français il avait à faire pour que la mémoire de l'Empereur reçût tous les honneurs qui lui étaient dus et que l'Angleterre lui contestait d'abord, prétendant que pour elle Bonaparte n'avait jamais été qu'un général, et non l'Empereur Napoléon ; mais qu'il a en outre accompli sa sainte mission avec la tenue solennelle, avec toute la pieuse et sévère dignité que le fils de l'Empereur lui-même, remplissant pareil devoir, aurait pu déployer. Ce commandant avait également compris que le cercueil de l'Empereur ne pouvait tomber aux mains de l'étranger, et décidé à faire couler son bâtiment plutôt que d'abandonner son précieux dépôt, il avait su faire passer dans le cœur de tout ce qui l'entourait la résolution énergique qu'il avait prise contre une éventualité extrême.

Le Courrier Français a donné cette lettre curieuse :

« Monsieur,

» Ce que vous dites dans votre numéro d'avant-hier sur l'esprit de spéculation dont chacun se montre animé dans les possessions britanniques pourrait être appuyé d'une multitude de faits ; je n'en citerai que deux qui ont rapport au court séjour du prince de Joinville à Sainte-Hélène. A peine arrivait-il à la vallée du Tombeau, que mistriss Forbet, ex-propriétaire du terrain où gisait Napoléon, vint présenter au prince une pétition, pour demander une indemnité, alléguant que la translation des dépouilles mortelles du grand homme allait lui causer le plus grand préjudice. Mistrisss Forbet tient en effet une espèce de taverne près de là ; elle y vend des rafraîchissemens, et y fait boire, moyennant rétribution, de l'eau de la Fontaine, aux voyageurs qui vont visiter ces lieux devenus tristement célèbres. Nous avons appris que mistriss Forbet a été pourtant bien payée par le gouvernement anglais, qui lui a donné 12,000 liv. sterl. (300,000 fr.) pour la cession de son enclos. Le prince a fait remettre la pétition à M. Chabot, en l'engageant à prendre des informations et à en référer au gouvernement.

Bientôt il eut à s'occuper d'une autre demande du même genre. Le gardien du tombeau est un vieux sous-officier de l'armée anglaise. Il cumule avec les arrérages d'une pension de 20 liv. sterl. (600 fr.), les libéralités des visiteurs, et il parvenait à avoir ainsi une existence supportable. Le jeune prince reçut avec bonté cet ancien soldat, et lui promit d'employer ses efforts pour lui obtenir une petite pension de la générosité des chambres. Les informations recueillies sur son compte ont révélé qu'il avait toujours montré un grand respect pour la mémoire de Napoléon.

» Si le prince n'avait pas quitté l'île, je crois qu'il eût été bientôt assailli de réclamations de toute espèce, car les habitans de l'île et les capitaines de navire ont fait là une grande perte. Chaque année amenait à l'ermitage de Sainte-Hélène de nombreux pélerins, et tout faisait espérer que leur progression irait toujours croissant. C'est une branche de revenus pour le génie spéculatif des Anglais dont la source est tarie.

» Un passager. »

Voici l'extrait d'une autre lettre écrite à bord de *l'Astrolabe*, le 9 septembre :

« Nous sommes venus mouiller à Sainte-Hélène le 7 de ce mois.

» Sainte-Hélène est tout en émoi.

» Deux jours seulement nous furent donnés, et tu dois penser que j'en profitai pour visiter une tombe qu'on ne viendra bientôt plus chercher ici.

» Il n'y a qu'une lieue de James-Town (le mouillage) au tombeau ; mais la route, quoique aussi bien entretenue que possible, est très pénible ; elle est sinueuse et s'élève en zig-zag le long des flancs escarpés des montagnes et des roches qu'il faut gravir. De la crête d'un mont, le regard plonge dans une vallée étroite et profonde appelée jadis *Bol de punch du Diable*, aujourd'hui *la vallée du Tombeau* ; nous descendîmes et l'on m'a dit : *c'est ici*, que je cherchais encore. Je m'étais figuré quelque extérieur, une sentinelle au moins. Le gardien cependant prit ses clés, ouvrit une faible grille en bois qui circonscrit le tombeau, et nous fûmes dans l'étroite enceinte qui est toute la propriété de celui à qui l'Europe appartenait.

» Longwood, la demeure de l'exilé, est converti aujourd'hui en un moulin. On n'y peut entrer qu'en payant d'avance trois shellings au propriétaire. En parcourant les appartemens plus que mesquins, même du temps de leur splendeur, on nous dit : C'est ici que se trouvait le lit de Napoléon, et à sa place vous voyez deux chevaux : c'est une écurie !

» Les hauteurs sont toutes dominées par des forts ; la côte elle-même en est hérissée, et on compte autant de canons qu'il y a d'hommes de garnison, c'est-à-dire 400 ; pendant la captivité de Napoléon, il y avait 4,000 hommes ; aujourd'hui la population totale de l'île, composée de la garnison, des Européens, des esclaves, la plupart de sang mêlé, et de quelques Chinois, ne va pas au-delà de ce chiffre. »

CHERBOURG.

EXTRAIT *des correspondances et des journaux de la Manche et de la Seine-Inférieure.*

La frégate la *Belle-Poule*, commandée par S. A. R. le prince de Joinville, rapportant en France les restes de l'Empereur Napoléon, a mouillé à Cherbourg, le 30 novembre, à cinq heures du matin.

Les autorités de Cherbourg ont fait, le 1er décembre, leur visite à bord de la *Belle-Poule.* Cette magnifique frégate offre l'aspect le plus majestueux ; sa coque peinte en noir rappelle l'acte qu'elle vient d'accomplir.

» Le 2, à une heure, le prince a fait tirer une salve, a débarqué ses poudres et est entré dans l'avant-port, où la frégate amarrée a été visitée journellement par les curieux.

» Le cercueil est placé dans l'entrepont, couvert du manteau impérial, au dessus duquel est la couronne. Aux quatre coins sont des couronnes de lauriers dorées; derrière est un autel; le catafalque est entouré d'ifs avec des bougies. La chambre ardente où repose l'Empereur est grande d'environ 10 pieds sur 12, tendue de velours noir brodé en argent, et entourée de draperies aussi en velours noir, à franges d'argent. Les portes se déploient en entier de manière à laisser voir tout l'espace. »

Quatre cents marins de la *Belle-Poule* et de la *Favorite* partiront de Cherbourg, avec le convoi des cendres de l'Empereur, et l'escorteront jusqu'à Paris.

M. Isabey, peintre, est à Cherbourg. Il a voulu se trouver au débarquement du sarcophage de l'Empereur Napoléon, pour saisir l'ensemble d'une composition qu'il prépare sur ce mémorable événement.

« Le cercueil sera placé à bord de la *Normandie*, au milieu du gaillard d'arrière, à l'emplacement de la claire-voie, qui sera rasée à sept ou huit pouces audessus du niveau du pont ; il sera saisi de chaque côté au moyen de boucles, pour qu'il n'éprouve pas de désagrément aux mouvemens de la mer, pendant la traversée de Cherbourg à l'entrée de la Seine ; il sera recouvert du manteau impérial doublé en hermine, brodé en or et semé d'abeilles, la couronne impériale au milieu et les couronnes de lauriers aux quatre coins ; l'autel sera placé au pied du mât d'artimon, habillé en velours brodé d'argent, quatre aigles en argent au pied de l'autel.

« Autour du cercueil seront replacés les ifs avec leurs bougies ; un dôme plat, soutenu par douze colonnes, couvert et brodé en argent, le défendra contre la pluie et l'humidité ; il sera entouré d'une tapisserie en velours à franges d'argent ; de chaque côté seront suspendus les encensoirs où brûlera l'encens ; à la tête, une croix dorée ; aux pieds une lampe dorée ; tout autour, d'autres lampes brûleront constamment.

» Le cortége se composera, à partir de Cherbourg, de la *Normandie*, portant le catafalque, du bâtiment à vapeur de l'état le *Véloce*, pour faire le salut à l'entrée en Seine, et du bâtiment à vapeur le *Courrier*. Tous les deux porteront la suite et les quatre cents marins qui accompagnent le cercueil. »

L'un de nos sculpteurs les plus distingués, M. Husson (grand prix de Rome), a fait les quatre cariatides qui se trouvent sur l'avant du bateau, tenant des couronnes d'immortelles à la main.

Mardi, 8 décembre, est le jour fixé pour le départ, à dix heures du matin. Une fois le service terminé, on a procédé à la translation du corps de Napoléon, qui a passé, de la frégate, à bord de la *Normandie*. A ce moment, et à un signal donné, tout ce qu'il y a de canons sur les forts et à bord du *Stationnaire*, seul na-

vire en position de tirer, a fait une salve simultanée,
de manière que mille coups de canon ont été tirés
au même instant, à de courts intervalles ; et, pendant
le transbordement, des décharges d'artillerie se sont
fait entendre ; enfin, une dernière décharge a été faite
encore de mille coups de canon, au départ de la flottille de la rade, départ qui a eu lieu dans l'après-midi.
La troupe et la garde nationale étaient sous les armes
dans le grand port.

Le bateau à vapeur le *Hambourg* a amené à Cherbourg une soixantaine de passagers. Ce pélerinage,
qui avait pour but de payer le tribut d'une visite au
cercueil de Napoléon, s'est heureusement accompli ;
tous les pélerins ont été gracieusement admis à visiter
la *Belle-Poule* et la chapelle ardente où repose le catafalque.

Le cercueil en acajou qui, à Sainte-Hélène, a été
remplacé par un autre venant de France, a été coupé
en petits morceaux et distribué comme reliques à tout
l'équipage.

Le 2 décembre, à une heure, anniversaire du cou-
ronnement et de la bataille d'Austerlitz, la frégate est
entrée dans le port militaire. Le fort de la Liberté a
salué le bâtiment à son entrée.

Les quatre cents hommes qui accompagnent le cercueil de l'Empereur, pris à bord de la *Belle-Poule* et
de la *Favorite*, étaient armés des armes d'abordage et
avaient leur uniforme de marins. Ils étaient sous le
commandement du prince de Joinville qui avait choisi
pour lieutenant-colonel le capitaine Guyet, commandant de la *Favorite*.

On écrit à l'instant même de Cherbourg :

Le 8 décembre, le cercueil de l'empereur Napoléon a été transbordé sur le bâtiment à vapeur la *Normandie*. Toutes les dispositions avaient été prises d'avance pour donner à cette cérémonie la solennité convenable. Au lever du soleil, les bâtimens de guerre, dans le port et en rade, à l'exception de la frégate la *Belle-Poule*, ont mis leurs vergues en pantenne et hissé leur pavillon à mi-mât. Tous les bâtimens de commerce français qui se trouvaient à Cherbourg avaient également leur pavillon à mi-mât, en signe de deuil.

La messe solennelle qui devait être célébrée à bord de la *Belle-Poule* a été empêchée par la pluie. Le transbordement a eu lieu aussitôt après l'absoute.

Les autorités civiles et militaires assistaient à cette cérémonie.

A neuf heures et demie, la garde nationale de la ville et toutes les troupes de terre et de mer étaient rangées en bataille dans le port. Au moment où la frégate la *Belle-Poule* a amené le pavillon du grand mât, les troupes ont présenté les armes et les tambours ont battu aux champs. A ce signal, tous les forts, la batterie de la marine, celle de la digue et les bâtimens de guerre qui se trouvaient en rade ont fait une salve de vingt-un coups de canon.

Immédiatement après le transbordement, les bâtimens composant le convoi funèbre sont sortis du port militaire pour se rendre en rade dans l'ordre suivant : la *Normandie*, le *Courrier*, le *Véloce* : les troupes sont rentrées dans les casernes.

La batterie de l'arsenal et le *Stationnaire* ont continué à tirer un coup de canon de quart-d'heure en quart-d'heure, jusqu'au moment où le convoi funèbre a quitté la rade.

Le départ du convoi a été annoncé par trois coups successifs tirés par le *Véloce;* à ce signal, tous les forts, les batteries de la marine et les bâtimens ont fait une dernière salve de vingt-un coups de canon. Tout s'est passé dans le plus grand ordre et dans un profond recueillement, en présence d'un concours nombreux de citoyens. A deux heures et demie, la *Normandie,* le *Courrier* et le *Véloce* ont fait route pour l'entrée du Hâvre.

LE HAVRE.

Extrait *des détails que donne le* Journal du Hâvre *du* 9 *décembre, sur l'arrivée du convoi dans ce port.*

« Contre l'opinion générale qui ne l'attendait que ce matin, la *Normandie* a paru en rade hier au soir, vers neuf heures et demie, au moment où la *Seine* sortait pour aller à sa rencontre. Après s'être approchée des jetées à une distance suffisante pour se faire reconnaître, elle a repiqué au large où elle a passé la nuit.

» Ce matin, à six heures, le rappel a battu, appelant aux armes notre garde nationale. Déjà celle de Montivilliers était rangée en bataille sur la place de Provence ; nos patriotes voisins, avec un empressement digne d'éloges, ont marché une partie de la nuit, bravant le mauvais état des chemins, pour ne pas manquer l'occasion de rendre leurs devoirs aux restes du grand homme. De toutes parts déjà la population se portait vers les jetées et sur la plage, et tous les regards, interrogeant l'espace, cherchaient au-delà du *Véloce*, mouillé en rade, et parmi les vapeurs de l'horison, les mâts pavoisés qui dénotaient la présence du cénotaphe flottant.

» Il n'apparut au large que vers six heures et demie se dirigeant sur la rive. L'obscurité qui commençait à pâlir sous les premiers rayons du jour laissait distinguer tous les bâtimens du convoi. La *Normandie* marchait en tête pavoisée partout aux couleurs nationales, portant le pavillon royal au grand mât et tous ses autres pavillons hissés à joindre. Après elle venait la *Seine*, puis le *Courrier* qui fermait le cortége; le cutter le *Rôdeur* était resté au large. Vers sept heures le convoi laissa arriver le cap sur la tour, gouvernant pour passer à petites distance des jetées.

» L'attention se portait particulièrement sur la *Normandie* qui, sévère dans son aspect, portant haut ses mâts et secouant avec fierté sa crinière tricolore, semblait, comme le coursier du poète, frémir avec orgueil sous le précieux fardeau qu'elle portait.

» Sur le gaillard d'arrière, entre quatre fanaux ardens, dont la vive lumière se mariait aux clartés naissantes du jour et aux derniers reflets de la lune, apparaissait le vaste cercueil qui renferme les restes mortels du plus grand homme que la France ait produit.

» Lentement le précieux dépôt glissa devant la foule émue, et le recueillement général ne fut troublé que par le bruit du premier coup de canon, annonçant l'entrée des restes mortels de l'Empereur dans un fleuve français, entre ces rives qu'il a choisies pour le lieu de sa sépulture.

» Au moment où la *Normandie*, qui mouillait en tête de la flottille, pavillon carré au grand mât, s'est trouvée à peu près par le travers des bains *Frascati*, les autorités sont arrivées sur le musoir de la jetée nord. Les batteries ont alors commencé leur salut de vingt-un coups de canon chacune.

» La *Normandie*, suivie de la *Seine* et du *Courrier* portant les matelots de la *Belle-Poule*, s'est ensuite dirigée vers Honfleur. »

QUILLEBEUF.

La même feuille, dans son numéro du 10, donne les détails suivans :

« Les rapports qui nous arrivent sur l'accueil qu'a rencontré le convoi de Napoléon pendant son trajet du Hâvre à Quillebeuf témoignent tous du vif enthousiasme qui animait les populations riveraines. Les deux côtes, quelque distantes qu'elles soient l'une de l'autre, étaient bordées des habitans des communes voisines de la Seine, foule presque invisible et dont la présence n'était attestée que par des coups de fusil tirés en signe d'honneur par quelques vieux soldats laboureurs accourus pour saluer l'ombre de

leur général. Du haut des collines, du fond des val-
lées, du plus loin que l'on pouvait distinguer la *Normandie*, partaient des signaux de toute espèce, in-
diquant des groupes de citoyens, satisfaits d'avoir pu
apercevoir le cercueil du héros populaire. A Quillebeuf où le convoi devait longer la terre, une ovation
était préparée, les gardes nationales de Pont-Aude-
mer, Saint-Aubin, Sainte-Opportune et autres lieux
circonvoisins jusqu'à Trouville, s'y étaient rassem-
blées et s'étaient rangées sur le quai de Quillebeuf,
favorable à leur développement. De l'autre côté de la
Seine et malgré leur éloignement, les citoyens de Lil-
lebonne sous les armes garnissaient la rive, et telle
était l'intensité du sentiment qui les animait, que sé-
parés du convoi par toute la largeur de la Seine, ces
braves gens s'avançaient jusque dans l'eau pour s'en
rapprocher.

» Quand le convoi défila le long des quais de Quillebeuf, il fut salué par des feux de peloton et des salves d'artillerie répétées; les drapeaux s'inclinèrent,
les troupes firent le salut militaire, et les navires pavoisés en deuil abaissèrent leurs pavillons; puis des
cris d'enthousiasme se firent entendre, et le convoi
passa pour aller plus loin recevoir les hommages des
populations qui l'attendaient, impatientes de payer
à leur tour leur tribut de patriotisme. Jamais Quillebeuf ne fut plus heureux. »

VAL-DE-LA-HAYE.

9 décembre.

Hier, à huit heures du soir, toute la flottille de bateaux à vapeur envoyée à la rencontre des restes mortels de l'Empereur Napoléon était réunie dans le port
de Rouen ; l'ordre avait été donné de repartir ce matin
à huit heures pour le Val-de-la-Haye où la *Normandie*
devait le joindre avec son précieux dépôt. La nuit
avait été employée en préparatifs pour décorer conve-
nablement la *Dorade* n. 3. Le préfet de la Seine-Inférieure avait recommandé à M. Garnier, architecte, dé-
légué de MM. Visconti et Labrousse, de ne rien épargner
pour qu'ils fussent dignes de leur destination : grâce
à ses soins, une tenture de soie violette, à franges d'argent, décorait tout le pourtour du bateau, surmontée
de quarante drapeaux tricolores et bordée de guirlandes de chêne et de cyprès. A l'avant s'élevait le catafalque destiné à recevoir le cercueil ; il était entouré
de rideaux de velours noir à torsades d'argent ; des
guirlandes et des couronnes d'immortelles, au milieu
desquelles brillaient des N brodés en or, complétaient
la décoration. Quatre panaches en plumes noires sur-
montaient le dais.

On s'est mis en route malgré un épais brouillard
qui empêchait de se distinguer à deux longueurs de
bateau ; les cloches tintaient à bord de toutes les embarcations pour prévenir de graves avaries. Force a

été de rebrousser chemin pour regagner le point de départ jusqu'à ce que le brouillard fût dissipé. Enfin, à une heure, toute la flottille s'est remise en route. Les bords de la Seine étaient couverts de nombreuses populations en habits de fête, et de détachemens de gardes nationaux, de troupes de ligne, de gendarmerie et de douaniers. Des drapeaux tricolores flottaient à presque toutes les maisons. Enfin deux coups de canon ont annoncé l'approche de la *Normandie* et des cendres du grand homme. Les tambours ont battu aux champs, les drapeaux ont été agités. Des pierriers tiraient de toutes parts; les cloches de tous les villages voisins sonnaient à grande volée; les clergés sur toutes les rives chantaient les prières des morts.

Demain, à dix heures, s'il fait moins de brouillard, la flottille, mouillée au Val-de-la-Haye, partira pour Rouen, où elle s'arrêtera deux heures, et où de grandes fêtes l'attendent.

ROUEN.

Le conseil municipal de Rouen s'est réuni extraordinairement, le 5, pour délibérer sur les dispositions qu'il conviendrait d'adopter lors du passage à Rouen des restes de l'Empereur Napoléon. M. le maire a proposé, et le conseil a voté immédiatement une somme de 25,000 fr. applicable à cette patriotique dépense. Voici les dispositions qui ont été prises :

Deux bâtimens pavoisés ont été placés près de l'île du Petit-Quai, pour saluer l'Empereur à son arrivée

dans le port; la garde nationale et la ligne étaient
échelonnées sur les deux rives de la Seine. Sur le milieu du pont suspendu s'élevait un cénotaphe où le
clergé a dit l'absoute. Le reste du pont était décoré
de drapeaux tricolores, de faisceaux, de tentures vio-
lettes sur lesquelles étaient inscrites toutes les victoires remportées par l'Empereur.

Tous les militaires de l'empire présens à Rouen se
sont réunis sur le port, porteurs d'une couronne
d'immortelles. Aussitôt que le cortége a été en vue de
Rouen, l'artillerie de la garde nationale a tiré un coup
de canon de minute en minute. Un drapeau tricolore de
dix-sept mètres était arboré sur la flèche de la cathédrale. Après l'absoute, une salve de cent un coups de
canon a été tirée, et tous les signes de deuil ont disparu.
Sur les piles de l'ancien pont, on avait placé des
orchestres qui faisaient entendre des marches funèbres
et nos airs nationaux.

• Les quatre bateaux à vapeur les *Étoiles*, qui font
ordinairement le trajet de Paris à Rouen, et quatre
autres bateaux à vapeur, les trois *Dorades* et le *Montereau*, avaient été affrétés par le gouvernement pour
faire partie du convoi de l'Empereur.

Du port de l'Arche, le 10 décembre, à cinq
heures du soir.

« La flottille de bateaux à vapeur a appareillé ce
matin du Val-de-la-Haye, à neuf heures et demie. Voici
quel était l'ordre arrêté de la marche : en tête, le bateau à vapeur la *Parisienne*, ayant à bord les inspec-

teurs de la navigation; puis le *Zampa*, avec la musique du prince; la *Dorade* n. 3, capitaine Garay, ayant à bord les restes de l'Empereur, le prince de Joinville et la première compagnie de la *Belle-Poule*, servant de garde d'honneur; l'*Étoile* n. 2, portant le commissaire du roi, M. Rohan de Chabot, le grand maréchal du palais comte Bertrand, le général baron Gourgaud et la maison de l'Empereur; l'*Étoile* n. 4, avec la deuxième compagnie de la *Belle-Poule*; l'*Étoile* n. 1, troisième compagnie de la *Belle-Poule*; la *Dorade* n. 2, capitaine Pagès; la compagnie de la *Favorite* portant le n. 4; la *Dorade* n. 1, capitaine Grimart, et le *Montereau*. Tous ces bateaux se sont avancés par un temps beau, quoique un peu froid et brumeux, espacés de trois longueurs. A onze heures trois quarts, la flottille entrait à Rouen. De grands préparatifs avaient été faits pour la recevoir. L'arceau central du pont suspendu avait été décoré en arc de triomphe; les anciens officiers légionnaires, blessés, et soldats de l'empire garnissaient exclusivement ce pont et ses abords. Des trophées et des pyramides en velours violet brodé d'abeilles, et portant les noms des plus glorieuses victoires de l'Empereur, étaient érigés sur les deux rives du fleuve et sur le pont d'Orléans.

» Les monumens publics, tous les navires en rade, et un grand nombre de maisons particulières avaient arboré le drapeau national. Une oriflamme entourée de drapeaux flottait sur la magnifique flèche de la cathédrale. Depuis dix heures, le cardinal-archevêque de Rouen, à la tête de son clergé, s'était rendu processionnellement au quai Saint-Sever, d'où il a pro-

noncé les paroles de la religion sur le cercueil au moment de son passage. A la même heure, le corps municipal venait se réunir aux autres autorités; les gardes
nationales de Rouen, dans une admirable tenue, et
des communes environnantes, les troupes de la garnison, ainsi que des populations nombreuses, bordaient
les quais sur les deux rives du fleuve, faisant retentir
l'air des cris mille fois répétés de *vive l'Empereur*!
L'artillerie de la garde nationale couronnant les hauteurs de la côte Sainte-Catherine, et les navires en
rade, ont tiré des coups de canon de minute en minute jusqu'à la fin de la cérémonie funèbre. L'artillerie de la *Dorade* n. 3, qui porte les restes de l'Empereur, n'a pas cessé d'y répondre. A l'arrivée de la
flottille à Rouen, la *Parisienne* et le *Zampa* se mirent
en amont du pont de pierre; le bateau-catafalque seul
entre les deux ponts, et la suite en aval du pont suspendu.

» Le cardinal-archevêque a prononcé l'absoute; ensuite une salve de six coups de canon a annoncé que
la cérémonie prenait désormais un caractère triomphal. Les cloches ont sonné à grande volée, tous les
signes de deuil ont disparu, les troupes ont présenté
les armes, les tambours ont battu aux champs, la musique a joué des airs de triomphe. Une salve de cent-
un coups de canon a attesté l'allégresse de la cité.
Pendant ce temps, des distributions de secours se faisaient aux indigens.

» Mais l'enthousiasme de Rouen, quelque vif qu'on
le suppose, n'a rien été en comparaison de celui des
communes voisines. Là, toutes les fenêtres, tous les

toits des maisons étaient couverts d'une population avide de voir passer le cortége. Les gardes nationales à demi organisées se mêlaient à un clergé nombreux, dont l'élan devançait tous les autres et saisissait toutes les occasions ingénieuses de se manifester. Ici, il avait inscrit en lettres blanches sur une tenture noire ces mots : *honneur à l'Empereur Napoléon!* Là, des cris d'allégresse donnaient le signal à ceux de la population que répétaient à l'envi tous les équipages de la flottille ; jamais nous n'avons été témoins d'une fête pareille, jamais héros national [ne fut si universelle-ment célébré!

» Elbeuf, que nous avons traversé en plein jour, a vaincu Rouen en enthousiasme ; ce peuple de fabri-cans, hommes et femmes, n'avait qu'une voix pour honorer Napoléon. De vieux soldats de l'empire en grand uniforme étaient mêlés à la garde nationale, agitant leurs armes et leurs drapeaux et versant des larmes d'attendrissement. De pareilles scènes tou-chent profondément le cœur ; les expressions man-quent pour les retracer. »

Voici le récit publié par le *Messager.*

« Le transbordement du cercueil impérial sur le bâtiment à vapeur qui doit le conduire jusqu'à Cour-bevoie s'est fait au Val-de-la-Haye, le 10, à trois heures.

» Dès neuf heures du matin la garde nationale de Rouen, la troupe de ligne et la cavalerie bordaient les deux rives de la Seine. Les populations des environs accourues pour assister à cette pieuse solennité for-maient un concours immense.

Un arc de triomphe avait été dressé au milieu du fleuve; des pyramides et des faisceaux d'armes complétaient, avec la présence des troupes, une décoration en harmonie avec le caractère majestueux et guerrier de la solennité.

» A dix heures le bateau à vapeur portant les restes de Napoléon, et commandé par M. le prince de Joinville, est passé sous l'arc de triomphe. En ce moment les vétérans, à qui une place distincte avait été assignée, jetèrent avec une émotion profonde, sur la route du cercueil, des couronnes d'immortelles qu'ils tenaient à la main.

» Le bateau stationna pendant une demi-heure au milieu de la rivière. Ce temps fut rempli par l'opération du transbordement et par la célébration du service religieux, fait par M. le cardinal-archevêque de Rouen, à la tête de deux cents prêtres. Le silence et le recueillement le plus profond régnèrent dans la foule tant que dura cette pieuse cérémonie. M. le prince de Joinville, qui avait commandé avec la plus grande précision tous les mouvemens de la flottille, ayant ensuite donné l'ordre du départ, le cortége reprit sa route.

» Aucun incident n'a troublé le cours imposant de cette solennité dont rien ne peut rendre les grandes impressions.

» Le 10, à cinq heures du soir, le convoi impérial a traversé Pont-de-l'Arche pour aller stationner à une demi-lieue au-dessous de cette ville.

» La flottille a défile entre deux haies de gardes nationales appartenant aux bataillons de l'arrondisse-

ment de Louviers, et en tête desquelles se trouvaient
M. le préfet de l'Eure, M. le général commandant du
département et les principales autorités.

» L'ordre le plus parfait n'a cessé de régner ; un
silence religieux a accueili partout le passage du convoi. »

COURBEVOIE.

C'est à Courbevoie, à cent pas environ du pont de
Neuilly, que les restes de Napôléon toucheront pour
la première fois la terre de France, car jusque-là le
cercueil ne fera que passer d'une embarcation dans
une autre, à Cherbourg d'abord, puis à Rouen.

Sur le pont de Neuilly, du côté de Courbevoie, s'é-
lève la colonne rostrale et gigantesque de Notre-Dame-
de-Grâce, patronne des marins. Cette colonne a cent
trente-cinq pieds de haut. Elle est assise sur trois sou-
bassemens qui seront ainsi ornés : le premier, celui
qui repose sur la culée du pont, d'un bas-relief repré-
présentant l'aller et le retour de la *Belle-Poule*, et le
trajet de Cherbourg à Neuilly ; le deuxième, de trois
trophées maritimes composés de la manière suivante :
quatre proues formant la croix, et au centre desquelles
est dressée une pièce de canon surmontée d'un aigle,
le tout entouré de drapeaux, aux insignes impériaux,
de bombes et d'obusiers couchés ; enfin, le troisième
soubassement est celui où se tiendra assise la patronne
des marins ; près de cette statue se trouvent trois
énormes trépieds qui jettent constamment des flammes
de couleur. Les angles supérieurs de ce dernier socle

sont ensuite surmontés chacun d'un aigle aux ailes déployées, et tenant la foudre dans leurs serres. Quant à la colonne de forme octogone, elle est décorée par étage, jusqu'au chapiteau, de trois proues maritimes supportant des guirlandes et des couronnes d'immortelles. Enfin, le chapiteau est surmonté d'un globe énorme sur lequel est écrit *France*, et qu'un aigle de cinq mètres d'envergure domine.

Voici maintenant comment est composé le débarcadère construit sur la berge de Courbevoie, à cent pas environ du pont : c'est un temple grec à jour, de quatorze mètres d'élévation, dans lequel viendra se placer le char funèbre pour recevoir le corps de Napoléon. Il est décoré sur les angles de palmettes, sur le fronton d'aigles, et garni d'un triple cordon de guirlandes après lesquelles sont suspendues des couronnes d'immortelles.

PARIS.

Le char qui doit transporter les dépouilles mortelles de Napoléon de Courbevoie aux Invalides est terminé. Dès aujourd'hui on peut juger de l'effet qu'il produira tant par ses draperies et ses décorations, que par sa forme beaucoup plus gigantesque que celle du char des victimes de juillet. Il est bien plus élevé qu'un deuxième étage de maison. Du reste, les chiffres suivans donnent une exacte appréciation de ses formes et dimensions : hauteur, 11 mètres; longueur, 10 mètres; largeur, 5 mètres. Il est monté seulement sur quatre roues massives et entièrement dorées, et c'est à partir des essieux qu'il compte 10 mètres 60 centimètres d'élévation. Ce char se compose d'un soubassement à panneaux encadrés dans des colonnettes à chapiteau, et est surmonté ensuite d'un mausolée ou sarcophage. Voici maintenant la véritable description de ses ornemens et décorations : le socle, revêtu jusqu'à terre d'une draperie de velours violet et or parsemée d'abeilles, d'étoiles avec des aigles brodées dans des couronnes, et dans lequel se trouvera renfermé le cercueil de l'Empereur, est rehaussé d'un aigle à chaque angle de l'entablement. L'avant-train et l'arrière-train de cet équipage de forme demi-circulaire et à plate-forme sont décorés de quatre trophées de drapeaux de toutes les nations conquises. Quant au mausolée également drapé comme son piédestal, et décoré du manteau impérial, du sceptre et de la couronne, il est supporté par quatorze figures représentant nos principales victoires. Enfin, tout le tour de la galerie du soubassement est bordé de guirlandes après lesquelles sont attachées des couronnes d'immortelles. Le tout est couvert d'un immense crêpe qui traîne jusqu'à terre. Ce prodigieux corbillard, ainsi composé, sera traîné par seize chevaux panachés et couverts complétement de housses dorées aux armes de l'Empereur. Les cordons seront portés par trois maréchaux et un amiral à cheval.

Cette nuit, cet équipage sera promené pour en faire l'essai. Il sortira de la rue Lafayette, où il a été construit, descendra le faubourg Saint-Martin, et parcourra ensuite une partie des boulevarts, du côté de la Madelaine. Pour protéger sa marche et prévenir tout accident, il sera escorté du directeur des pompes funèbres, M. Beaudoin, d'une commission d'architectes désignée par le ministre de l'intérieur et d'un détachement de gardes municipaux à pied et à cheval. Pour son passage, on a donné des ordres pour démonter tous les réverbères du faubourg Saint-Martin.

Nous avons donné l'abrégé du programme de la marche du char impérial; maintenant il reste à faire connaître la description générale et d'ensemble de tous les travaux pour les préparatifs de la translation du corps de Napoléon, qu'on achève d'exécuter tant à l'église des Invalides que sur toute la ligne où se passera la cérémonie. Avant de traiter cette intéressante et curieuse description, il est important de donner une idée de la véritable décoration du bateau-catafalque, la *Normandie*, chargé de ramener à Paris les restes mortels du plus grand des hommes. Quatre cariatides; un temple couvert, renfermant une estrade où est placé le cercueil; tout autour de ce temple, orné de lauriers et de trophées de drapeaux, sont placés des trépieds et des flambeaux qui brûlent constamment; le tout drapé d'une immense tapisserie en velours violet et or, parsemée d'abeilles, d'étoiles, d'aigles et de N enveloppés dans des couronnes : tel est le bateau-catafalque qui transportera de Rouen à Courbevoie le cercueil. Pour la réception du cortége à Courbevoie, se construit, ainsi que nous le disons plus haut, un élégant et vaste débarcadère, orné de trépieds et de guirlandes. Puis, à côté, près du pont de Neuilly, s'élève une colonne rostrale, au pied de laquelle, sur un piédestal, sera placée une statue représentant Notre-Dame-de-Grâce, patronne des marins.

Voici maintenant quelle est la description des travaux en cours d'exécution sur la ligne que doit parcourir le char depuis le pont de Neuilly jusqu'aux Invalides :

Pont de Neuilly. Des piédestaux portant des trépieds et des trophées le décorent.

Arc de triomphe. Sur la plate-forme, l'apothéose de Napoléon ainsi composée : l'Empereur, vêtu en grand costume impérial comme au jour de son sacre, se tient debout devant son trône. A ses côtés sont deux Génies qui représentent les Génies de la guerre et de la paix. Ce groupe est posé sur un socle d'une grande proportion, orné de guirlandes et de trophées d'armes de toute espèce, rappelant les batailles et victoires de Napoléon. Ce socle porte ensuite à chaque angle un énorme trépied brûlant des flammes de couleur. Enfin, aux angles extrêmes du monument sont deux Renommées à cheval représentant la gloire et la grandeur. Quant à l'ensemble de l'arc de triomphe, pavoisé d'abord tout autour par une rangée de mâts, il sera décoré, depuis le sommet jusqu'à terre, de guirlandes et de festons à la mode des anciens. Cette composition est due à M. Blouet.

Avenue des Champs-Elysées. Depuis la barrière de l'Étoile jusqu'au pont de la Concorde, de chaque côté de la chaussée, sont placées, de distance en distance, dix-huit statues, trente-six pour les deux côtés, représentant des victoires. Ces figures ont entre elles des colonnes ornées de bas-reliefs, de trophées, et portant chacune sur des boucliers les noms des principales victoires; elles ont été modelées par MM. Guersant, Vénot, Fessard, Grevenich, Franzoni, Chénillon, Pascal jeune, Grass et Lescorné.

Pont de la Concorde. A chaque angle, une colonne triomphale surmontée d'un aigle et ornée à la base d'un bas-relief représentant les Génies de la guerre et de la paix, par M. Derre; puis, sur les piédestaux du milieu, huit statues représentant : la Prudence, par M. Ramus ; la Force, par M. Gourdet ; la Justice, par M. Bion; la Guerre, par M. Calmel; l'Agriculture, par M. Terrasse ; les Beaux-Arts, par M. Fauginet; l'Eloquence, par M. Merlieux, et le Commerce, par Dantan jeune. Enfin, en avant de ce même pont, sur le milieu du perron de la chambre des députés, est placée la statue colossale de l'Immortalité, par M. Cortot.

Esplanade des Invalides. Depuis la grille de l'hôtel jusqu'au quai d'Orsay, trente-deux statues, seize de chaque côté, décorent cette avenue; elles représentent : Clovis, par Bosio; Charles-Martel, par Debay; Philippe-Auguste, par Etex; Charles V, par Dantan aîné; Jeanne d'Arc, par Debay; Louis XII, par Lanneau; Bayard, par Guillot; Louis XIV, par Robinet; Turenne, par Toussaint; Duguay-Trouin, par Husson; Hoche, par Sarnet; Latour-d'Auvergne, par Cavelier; Kellermann, par Brun; Ney, par Garreau ; Jourdan, par Duseigneur; Lobau, par Schay; Charlemagne, par Maindron; Hugues-Capet, par Etex; Louis IX, par Dantan aîné; Charles VII, par Bion; Duguesclin, par

Husson; François Ier, par Lanneau; Henri IV, par Au-
vray; Condé, par Daumas; Vauban, par Callonet;
Marceau, par Lévêque; Desaix, par Jouffroy; Kléber,
par Simard; Lannes, par Klagmann; Masséna, par
Brian; Mortier, par Millet, et Macdonald, par Bosio.
Entre chacune de ces statues sont des trépieds qui
jetteront des flammes. Enfin, derrière, dans les quin-
conces, sont construites deux lignes d'estrades riche-
ment drapées et ornées de mâts pavoisés, où pourront prendre place près de trente mille personnes.

Hôtel des Invalides, grille d'entrée. En avant s'élève
un immense dais funéraire, espèce d'arc de triomphe
élégamment orné et pavoisé, sous lequel viendra s'arrêter le char impérial pour y déposer son précieux
dépôt en présence des autorités civiles et militaires
placées à droite et à gauche du dais sur des estrades.

Allée conduisant de la grille à la cour Royale. Deux
rangées de candélabres surmontés de cassolettes qui
jetteront des flammes.

Cour Royale. Sur la façade principale où est placée
la statue de l'Empereur, se trouve une vaste chapelle
ardente de 54 pieds d'élévation, où viendra se placer
le roi pour recevoir les dépouilles mortelles de Napoléon. Cette chapelle, pavoisée tout autour, est décorée de bas-reliefs imitant le bronze, et représentant
toutes nos batailles et victoires. Dans cette même
cour sont de chaque côté des estrades, pouvant recevoir 6,000 personnes, pour les corps des Invalides
et des autorités militaires. Ces estrades sont bordées

d'une ligne de trophées portant les noms des grands
maréchaux et généraux de l'empire.

Intérieur de l'église. Tout le dôme, depuis le sol
jusqu'au premier ordre d'architecture, est tendu d'une
draperie en velours violet et or, et parsemée de tous
les insignes impériaux; au milieu, à l'emplacement où
sera érigé le tombeau de Napoléon, s'élève un immense
catafalque orné de plumes d'aigles et des armes de l'Empereur, rehaussé de quatre rideaux de velours bordé
d'hermine, et se relevant, soutenu par une colonne octogone, avec une élégance admirable; puis, enfin, ce
même catafalque, entouré de trophées, de drapeaux
tricolores représentant toute notre armée, est surmonté, au niveau des croisées de la coupole, de quatre grands cercles formant une dentelle lumineuse.
Tout-à-fait au fond du dôme il est construit un autel, au-dessus duquel, à droite et à gauche, sont deux
tribunes destinées au roi et à sa famille, et la chapelle
Saint-Jérôme est transformée en un magnifique salon,
pour la réception du roi et des princes. Trois ban-
nières, portant le chiffre de Napoléon, sont placées,
l'une entre les deux tribunes, et les deux autres vis-
à-vis des tombeaux de Vauban et de Turenne. Là,
sont construites d'immenses estrades, où viendront
prendre place les chambres des pairs et des députés,
etc. L'église, dont les bas côtés sont garnis d'estrades,
est transformée en chapelle ardente, et au niveau des
tribunes et entre chaque travée un cordon de bougies,
des lampes d'argent, des lustres; les feux et les cierges
du catalfaque compléteront les milliers de lumières qui
doivent éclairer cette imposante cérémonie. Enfin,

en avant des orgues se trouve une immense plate-
forme d'où on entendra une symphonie immense.

Tels sont les imposans préparatifs pour la solennité
en l'honneur des restes de Napoléon.

Le char qui doit transporter de Courbevoie aux Invalides les cendres de Napoléon a été essayé aujour-
d'hui. A six heures et demie du matin, il est sorti des
ateliers de l'administration des pompes funèbres, rue
Lafayette, traîne par seize chevaux noirs, attelés par
quatre de front. Voici le trajet qu'il a parcouru : la
rue Lafayette, jusqu'en face de l'église Saint-Vincent-
de-Paul, la rue Hauteville jusqu'à la rue d'Enghien,
cette dernière et la rue du Faubourg-Poissonnière jusqu'aux boulevarts ; puis il a été dirigé vers les Champs-
Élysées par les boulevarts Poissonnière, Montmartre,
des Italiens, des Capucines, de la Madelaine et la rue
Royale. Arrivé sur la place de la Concorde, cet énorme
équipage, qui à travers le brouillard ressemblait à un
édifice, a fait un demi-tour et regagné la rue Lafayette
en passant par la même ligne ci-dessus tracée. L'aller
et le retour de cette promenade se sont faits dans l'espace de trois heures et demie, et sans aucun accident,
par suite des grandes mesures de sûreté qui avaient
été prises. Comme le pavé était très glissant, on avait
eu la précaution de sabler tous les passages à gravir
ou à descendre. Ce colossal corbillard, qui en traver-
sant les rues atteignait jusqu'à la hauteur d'un troisième étage, était escorté, pour protéger sa marche,
du préfet de police à cheval, du directeur général des
pompes funèbres, M. Beaudouin, d'une commission
d'architectes, d'un détachement de gardes municipaux

à cheval et de plusieurs sergens de ville et commissaires de police. Les chevaux étaient conduits par huit hommes à pied, et le train de derrière du char était gouverné, au moyen de forts cordages, par plusieurs ouvriers charrons et serruriers. Quoique ce cortége se soit mis en marche d'assez bonne heure, pour échapper à la curiosité publique, une foule immense accourait de toutes parts pour le suivre, et toutes les croisées, à son passage, étaient garnies de curieux. Demain, les ouvriers tapissiers et décorateurs se mettront à l'œuvre pour habiller cet énorme char; après quoi, dans la nuit du 14 au 15, il sera conduit à Courbevoie, pour y recevoir du bateau-catafalque le corps de l'Empereur.

— Ce matin, au milieu d'un concours immense de curieux, on a décoré le quai d'Orsay, en face de l'esplanade des Invalides, d'une nouvelle et colossale figure en bronze. C'est la statue de l'Empereur par le baron Bosio, destinée, comme on sait, pour la ville de Boulogne-sur-Mer. Cette figure de quinze pieds de proportion représente Napoléon en grand costume impérial, tel qu'il était au mois d'août 1804, après la glorieuse bataille d'Austerlitz, lors de sa distribution de croix au camp de Boulogne. Ainsi, ce bronze représente l'Empereur distribuant de sa main droite la Légion-d'Honneur, et appuyé de l'autre sur son sceptre.

— Nous apprenons que l'on a tiré au sort à l'étatmajor de la garde nationale le numéro de la légion qui aura l'honneur d'escorter le char triomphal qui transportera les restes de l'Empereur aux Invalides.

C'est la 1re légion que le sort a désignée. On croit que la 10e fera le service aux Invalides, situés dans la circonscription. Les dix autres légions borderont la haie.

— On assure que toutes les jeunes filles de la maison de l'ordre royal de la Légion-d'Honneur de Saint-Denis, fondée par Napoléon, doivent, habillées toutes en blanc et une couronne de laurier sur la tête, assister à la cérémonie de la translation des cendres de l'Empereur.

— Les étrangers et les habitans des départemens arrivent en grand nombre à Paris pour assister à la solennité du 15 décembre. On pourra se faire une idée de l'empressement avec lequel on s'assure des places sur la ligne du cortége, par le fait qui nous est affirmé qu'un balcon a été loué 3,000 fr. par un spéculateur, et une maison non habitée 5,000 fr. La plus mince croisée dans les étages élevés se paie 50 fr., et une croisée du premier ou du second étage 100 fr.

— Toutes les audiences de la cour royale de Paris et du tribunal civil de première instance de la Seine vaqueront le mardi 15 décembre, jour de la translation des restes de l'Empereur Napoléon.

— La flottille conduisant le cercueil impérial et lui servant d'escorte arrivera le 13 (dimanche) à Maisons ; elle y passera la nuit. Le lendemain 14 (lundi) elle se remettra en marche, défilera devant la terrasse de Saint-Germain et trouvera au pont du Pecq la garde nationale et celle des communes environnantes, qui lui rendront les honneurs militaires.

— Le prince Adam Czartoryski, après s'être entendu avec M. le président du conseil, a invité tous les Polonais qui ont servi sous l'Empereur Napoléon à se rendre à Courbevoie. Ils prendront place dans le cortège immédiatement après la vieille garde. Tous ces Polonais devront être revêtus des uniformes des régimens auxquels ils appartenaient. Ils sont au nombre de plus de cent.

—La *France musicale* donne, en ce qui la concerne, des détails sur la solennité des Invalides :

« C'est le *Requïem* de Mozart qui sera chanté dans l'église des Invalides. Toutes les mesures ont été prises pour rendre l'exécution de ce chef-d'œuvre digne de la solennité. Il y aura 150 instrumentistes et 150 chanteurs ; les parties du quatuor solo ont été quadruplées et distribuées ainsi :

» *Soprani*. Mesdames Grisi, Damoreau, Persiani et Dorus-Gras.

» *Alti*. Mesdames Pauline Viardot-Garcia, Eugénie Garcia, Albertazzi, Stolz.

» *Tenori*. MM. Duprez, Rubini, Alexis Dupont, Massol.

» *Bassi*. MM. Lablache, Tamburini, Levasseur et Alizard.

» Comme on le voit, tous les théâtres lyriques ont fourni leur contingent dans cette exécution, qui offrira un concours de talens tels, qu'il serait impossible à l'Europe de présenter une plus belle réunion.

» Pendant le dernier convoi par eau, qui se fera de Maisons à Courbevoie le 14, des marches militaires seront exécutées par 200 musiciens sur un bateau qui précédera celui qui doit contenir les restes de l'Empereur. Le lendemain, des symphonies militaires accompagneront le cortége de Courvevoie jusqu'aux Invalides. La composition de ces symphonies a été confiée, comme on sait, à MM. Auber, Halévy et Adolphe Adam. Toute la partie musicale est organisée et dirigée par M. Habeneck; c'est un hommage qu'on devait au célèbre organisateur des concerts du Conservatoire. »

Parmi les statues les plus imposantes placées sur l'esplanade des Invalides, on remarque le *Duguesclin* de M. Husson, le *Desaix* de M. Jouffroy, le général *Hoche* de M. Sornet, et le maréchal *Jourdan* de M. Duseigneur. Ces figures sont fort belles et méritent d'être conservées.

— La statue de l'Empereur, que l'on a placée sur le quai, en face des Invalides, est celle que M. Bosio vient d'exécuter pour couronner la colonne de la grande armée, érigée à Boulogne; elle représente Napoléon revêtu du manteau impérial parsemé d'abeilles; il tient dans la main droite un large cordon auquel est attachée la croix de la Légion-d'Honneur, en mémoire de la première distribution de croix d'honneur, qui se fit en effet au camp de Boulogne; la main gauche est appuyée sur un sceptre surmonté d'un aigle.

— Le débarcadère de Neuilly est à peu près terminé. On a commencé aujourd'hui à poser le revêtement de la charpente du temple, dressé en avant sur le quai de Courbevoie. Les décorations du pont de Neuilly sont aussi fort avancées; les trois trophées formés des emblêmes de combats maritimes, élevés sur le mur du parapet du pont, à l'angle, du côté de Courbevoie, sont achevés. La colonne gigantesque, qui s'élève dans cet angle, et dont la base est sur la rive de la Seine, pourra recevoir une partie de ses attributs demain, dans l'après-midi. La route royale a été ferrée, aujourd'hui, des deux côtés de la chaussée, depuis Neuilly jusqu'à l'arc-de-triomphe de l'Étoile.

Les douze grands mâts qui entoureront l'arc-de-triomphe ont été dressés ce matin ; leur couleur est bronzée ; le socle enrichi de peintures d'or sur bronze porte à chaque panneau le chiffre de l'Empereur.

Les quatorze statues qui décoreront la grande avenue des Champs-Elysées ont été placées hier et aujourd'hui ; la ligne qu'elles embrassent s'étend de la hauteur de la place de la Concorde à la hauteur de la rue de Chaillot : à partir de ce point jusqu'à la barrière, les piédestaux placés entre les colonnes ont reçu de magnifiques candélabres surmontés de cassolettes ; ces candélabres sont au nombre de huit.

Déjà vingt-deux des trente-quatre colonnes qui bordent les deux côtés de la chaussée sont surmontées du grand aigle impérial tout doré. On a commencé cet après-midi à poser les boucliers sur lesquels sont inscrits les noms et la date de nos principales batailles. Ces boucliers sont fixés entre le deuxième ordre d'architecture et la corniche des colonnes. La plupart des piédestaux de colonnes ou de statues reçoivent en ce moment leur revêtement en boiserie marbrée, ainsi que leurs bas-reliefs.

Les travaux des quatre colonnes pyramidales du pont de la Concorde touchent à leur fin ; les aigles dorées ont été posées aujourd'hui en même temps que les bas-reliefs et autres ornemens.

Snr la place de l'esplanade des Invalides, toutes les dispositions sont prises; les tribunes sont terminées; les trente-deux statues sont découvertes.

GARDE NATIONALE DE LA SEINE.

RÉCEPTION DU CORPS DE L'EMPEREUR NAPOLÉON.

ORDRE DU JOUR.

Paris, 6 décembre 1840.

Le 15 du courant, jour de la translation du corps de l'Empereur Napoléon à l'Hôtel royal des Invalides, le cortége devant partir du pont de Neuilly, et suivre la route et l'avenue de Neuilly, la place et le pont de la Concorde, le quai d'Orsay et l'esplanade des Invalides pour entrer dans l'hôtel par la grande grille, le maréchal commandant supérieur, d'après le programme arrêté par M. le ministre de l'intérieur, ordonne les dispositions suivantes :

La garde nationale du département de la Seine formera la haie des deux côtés de la route de Neuilly, depuis le pont jusqu'à la barrière de l'Étoile; elle s'étendra ensuite, seulement sur le côté droit du passage du cortége, jusqu'à l'esplanade des Invalides, où elle formera de nouveau la haie des deux côtés jusqu'à la grande grille de l'hôtel.

La haie formée par la troupe de ligne aura sa droite à la barrière de l'Étoile et sa gauche sur le quai d'Orsay, à l'angle de la rue d'Austerlitz. Les régimens se mettront en bataille suivant l'ordre de numéros de leur brigade; celles de Paris prendront la droite.

Les troupes devront être rendues sur le terrain à neuf heures du matin.

Les sapeurs, tambours et musiques seront placés à la droite des légions et des régimens.

MM. les généraux, colonels, lieutenans-colonels, chefs de bataillon, majors et adjudans-majors, se placeront du côté qui est indiqué pour les têtes de colonnes.

Deux batteries d'artillerie seront placées à Neuilly. Elles exécuteront une salve d'honneur de vingt-un coups de canon au moment du départ du cortége.

Deux autres batteries seront placées au rond-point de l'arc-de-triomphe de l'Etoile, sur le côté gauche, entre la garde nationale et la troupe de ligne. Elles exécuteront une salve de vingt-un coups de canon au moment où le char impérial passera sous l'arc - de - triomphe.

Les deux batteries qui marcheront en tête du cortége, arrivées sur l'esplanade des Invalides, iront s'établir sur le quai d'Orsay, appuyant leur droite à la rue d'Iéna. Elles exécuteront une salve de vingt-un coups de canon lorsque le char sera arrivé sur l'esplanade des Invalides

MM. les officiers-généraux et autres de la garde nationale et de la troupe de ligne seront en grande tenue, la troupe aura le sac au dos. Les drapeaux et étendards auront un crêpe; les officiers porteront le crêpe au bras et à l'épée ; les tambours seront voilés. Les tambours et les musiques exécuteront des marches funèbres.

Lors du passage du char impérial, les légions et les régimens d'infanterie présenteront les armes ; les drapeaux et les officiers salueront ; les tambours battront aux champs. Dans la cavalerie, les sous-officiers et cavaliers auront le sabre à la main, les étendards et les officiers salueront, les trompettes sonneront la marche.

Les postes ou piquets de cavalerie qui se trouveront sur le passage du char devront rendre les honneurs prescrits pour les troupes formant la haie.

Lorsque chaque corps se sera formé en colonnes pour suivre le cortége, les légions et les régimens d'infanterie mettront l'arme sous le bras gauche, la baïonnette dans le fourreau ; la cavalerie conservera le sabre à la main.

Les légions et les corps d'infanterie qui précéderont le char porteront l'arme sous le bras gauche aussitôt qu'ils se mettront en marche.

Pour faciliter la circulation et permettre aux corps qui feront partie du cortège de prendre le rang qui leur est assigné, les légions de la garde nationale et les corps de la ligne qui formeront la haie depuis la place de la Concorde jusqu'au pont de Neuilly, se mettront en bataille dans les contre-allées de l'avenue et de la route de Neuilly ; mais au moment de la marche du cortége, ces légions et ces régimens se porteront en avant et formeront une ligne continue sur les bas-côtés de la chaussée.

ORDRE DU CORTÉGE.

Au premier coup de canon, tiré par l'artillerie établie à Neuilly, le cortége se mettra en marche dans l'ordre suivant :

1. La gendarmerie de la Seine, avec trompettes, le colonel en tête.

2. La garde municipale à cheval, avec étendard et trompettes, le colonel en tête.

3. Deux escadrons du 7e de lanciers, avec étendard et musique, le colonel en tête.

4. Le lieutenant-général commandant la place de Paris, et son état-major, auquel se joindront les officiers en congé.

5. Un bataillon d'infanterie de ligne, avec drapeau, sapeurs, tambours et musique, le colonel en tête.

6. La garde municipale à pied, avec drapeau et tambours, le lieutenant-colonel en tête.

7. Les sapeurs-pompiers, avec drapeau et tambours, le lieutenant-colonel en tête.

8. Deux escadrons du 7e de lanciers, le lieutenant-colonel en tête.

9. Deux escadrons du 5e de cuirassiers, avec étendard et musique, le colonel en tête.

10. Le lieutenant-général commandant la division et son état-major.

11. Les officiers de toutes armes, sans troupe, employés à Paris au ministère et au dépôt de la guerre.

12. L'École spéciale et militaire de Saint-Cyr, son état-major en tête.

13. L'École Polytechnique, son état-major en tête.

14. L'École d'application d'état-major, son état-major en tête.

15. Un bataillon d'infanterie légère, avec drapeau, sapeurs, tambours et musique, le colonel en tête.

16. Deux batteries d'artillerie.

17. Le détachement du premier bataillon de chasseurs à pied.

18. Les sept compagnies du génie cantonnées dans le département de la Seine, formant un bataillon sous les ordres d'un chef de bataillon.

19. Les quatre compagnies des sous-officiers vétérans.

20. Deux escadrons du 5e de cuirassiers, le lieutenaut-colonel en tête.

21. Quatre escadrons de la garde nationale à cheval, avec étendard et musique, le colonel en tête.

22. Le maréchal commandant supérieur et son état-major.

23. La 2e légion de la garde nationale de la Banlieue.

24. La 1e légion de la garde nationale de Paris.

25. Deux escadrons de la garde nationale à cheval, le lieutenant-colonel en tête.

26. Un carrosse pour l'aumônier venant de Sainte-Hélène.

27. Les officiers-généraux de l'armée de terre et de mer du cadre de réserve ou de retraite, qui se trouvent à Paris et qui se présenteront en uniforme, à cheval.

28. Les officiers-généraux et autres de la marine royale.

29. Le corps de musique funèbre.

30. Le cheval de bataille.

31. Un peloton de vingt-quatre sous-officiers décorés pris dans la garde nationale à cheval, dans les corps de cavalerie et d'artillerie de ligne et de la garde municipale, sous les ordres d'un capitaine de l'état-major général de la garde nationale.

32. Un carrosse attelé de quatre chevaux, destiné à la commission de Sainte-Hélène.

33. Un peloton de trente-quatre sous-officiers décorés, pris dans l'infanterie de la garde nationale, dans l'infanterie de ligne et de la garde municipale, et dans les sapeurs-pompiers, sous les ordres d'un capitaine de l'état-major-général de la garde nationale à pied.

34. Les maréchaux de France.

35. Les quatre-vingt-six sous-officiers portant les drapeaux des départemens, sous les ordres d'un chef d'escadron de la division.

36. S. A. R. le prince de Joinville et son état-major.

37. Les 500 marins arrivés avec le corps de l'Empereur. (Ce déta-

chement, devant former l'escorte du corps jusqu'à sa remise à l'hôtel royal des Invalides, entourera le char impérial en marchant sur deux files qui s'étendront, de chaque côté, sur toute sa longueur.)

38. LE CHAR FUNÈBRE. Deux maréchaux, un amiral et le lieutenant-général Bertrand, à cheval, portant chacun un cordon d'honneur fixé au poêle impérial.

39. Les anciens aides-de-camp et officiers civils et militaires de la maison de l'Empereur.

40. Les préfets de la Seine et de police, les membres du conseil-général, les maires et adjoints de Paris et des communes rurales qui se joindront au cortége.

41. Les anciens militaires de la garde impériale qui se présenteront en uniforme et qui se seront fait reconnaître; la députation d'Ajaccio, les militaires en retraite, en uniforme.

La garde nationale et les troupes de ligne, infanterie, cavalerie et artillerie, qui formeront la haie, suivront immédiatement le cortége, en rompant alternativement de chaque côté.

Aussitôt que le cortége aura dépassé le front de bataille de la 1re légion de la haie de droite, dont la gauche sera au pont de Neuilly, cette légion fera par peloton à droite et se mettra en marche. La légion qui lui fera face, qui sera la première de la haie de gauche, et qui aura sa droite au pont de Neuilly, prendra rang dans la colonne, derrière celle de la haie de droite, en rompant par la droite pour marcher sur la gauche.

Toutes les légions rompront de la même manière successivement et alternativement; celles formant la haie de gauche marchant après celles de la haie de droite. Il en sera de même pour les régimens de ligne qui formeront la haie depuis la barrière de l'Etoile jusqu'à l'esplanade des Invalides. Ils suivront la légion qui leur fera face, en rompant comme il est prescrit pour les corps de la haie de gauche.

MM. les généraux de brigade et MM. les maréchaux-de-camp marcheront à la tête de la première légion ou du premier régiment de leur brigade. Ils veilleront ainsi que MM. les chefs de corps à ce que les légions et les régimens, en se mettant en colonne, serrent le plus possible les uns sur les autres sans laisser d'intervalle, et que, sous aucun prétexte, ils ne se laissent jamais couper pendant la marche du cortége.

Aussitôt que la batterie d'artillerie à l'arc-de-triomphe de l'Etoile aura exécuté la salve d'honneur, elle se repliera et viendra se former en colonne derrière la légion ou le régiment qu'elle trouvera devant elle ; elle marchera au centre du bataillon d'infanterie, dont la droite sera à la barrière de l'Etoile.

La marche du cortége sera fermée, depuis le pont de Neuilly jusqu'à l'esplanade des Invalides, ainsi qu'il suit :

42. Un escadron du 1er de dragons, le lieutenant-colonel en tête.

43. M. le lieutenant-général Schneider, commandant la division hors Paris, et son état-major.

44. M. le maréchal-de-camp Hecquet, commandant la 4e brigade d'infanterie hors Paris.

45. Un bataillon du 35e de ligne, avec drapeau, sapeurs et musique, le colonel en tête.

46. Les deux batteries d'artillerie établies à Neuilly.

47. Un bataillon du 35e de ligne, le lieutenant-colonel en tête.

48. M. le maréchal-de-camp de Lawoëstine, commandant la brigade de cavalerie de Paris.

49. Deux escadrons du 1er de dragons, avec étendard et musique, le colonel en tête.

Cette colonne, devant former l'arrière-garde, réglera sa marche de manière à permettre à tous les corps, qui rompront successivement, de se mettre en colonne, sans toutefois laisser entre elle et ces corps un trop grand intervalle.

ARRIVÉE DU CHAR AUX INVALIDES.

Le char funèbre s'arrêtera à la grille de l'hôtel des Invalides.

Le cercueil en sera descendu et porté à bras par trente-six hommes du détachement de la marine royale, jusqu'au porche élevé dans la cour Napoléon.

Après l'eau bénite, le cercueil sera porté à bras par trente-six sous-officiers pris dans la garde nationale et l'infanterie de ligne, lesquels, lorsque le corps sera placé sous le catafalque, se retireront aux places qui leur seront assignées. Ce détachement sera sous les ordres d'un officier de l'état-major des Invalides que M. le maréchal-gouverneur voudra bien désigner.

Le service de l'intérieur de l'hôtel devant être fait concurremment par les militaires invalides, la garde nationale et la troupe de ligne, la haie sera formé, à droite, par les militaires invalides et un bataillon de la dixième légion de la garde nationale ; à gauche, par un bataillon de la ligne.

Un détachement de vingt-cinq hommes, commandé par un officier et fourni par le détachement de marins arrivé avec le corps de Empereur, entrera dans l'église et sera placé derrière le catafalque.

DISPOSITIONS POUR LE DÉPART DES TROUPES.

En arrivant devant la grille des Invalides, les légions et les régimens tourneront à droite et à gauche et rentreront immédiatement dans leurs quartiers, ou se rendront immédiatement dans leurs garnisons en défilant ainsi qu'il suit :

La 1re légion de Paris et la 2e de la banlieue devant s'arrêter sur l'esplanade des Invalides, se retireront la 1re par le pont des Invalides, la 2e par celui d'Iéna. La 2e légion de Paris, les 10e et 21e léger, les 7e, 19e, 35e (3e bataillon) ; 63e, 66e, 39e (3e bataillon) ; 65e (3e bataillon) ; la compagnie du génie du Mont-Valérien ; le 3e de cuirassiers et le 7e de lanciers tourneront à droite et prendront l'avenue de la Motte-Piquet et rentreront dans leurs quartiers. Ceux de ces corps qui devront revenir sur la rive droite suivront l'avenue de la Bourdonnaye et déboucheront sur le quai de Billy par le pont d'Iéna, pour se rendre ensuite à leur destination.

La 1re et 4e légions de la banlieue ; les 3e, 4e, 5e, 6e, 7e, 8e et 9e légions de Paris ; le 4e léger, les 35e (1er bataillon), 39e, 50e, 57e, 65e, et 67e de ligne ; le détachement du 1er bataillon de chasseurs à pied ; les compagnies du génie de Saint-Denis, la Villette, Belleville, Vincennes et Boissy, tourneront à gauche et suivront les rues de Grenelle-St-Germain, du Bac, de l'Université, des Petits-Augustins et les quais pour aller débouchea sur la rive droite par le Pont-Neuf.

Les 10e, 11e et 12e légions de Paris, les 4e et 18e de ligne, le 1er de dragons ; les 1re, 2e, 3e et 4e compagnies de sous-officiers vétérans tourneront à gauche, prendront le boulevart des Invalides, les rues de Varennes et de la Planche, et rentreront par là dans leurs quartiers.

La 3e légion de la banlieue, la compagnie du génie de Montrouge tourneront également à gauche, et suivront le boulevard des Invalides et du Mont-Parnasse pour gagner la barrière du Maine.

La 13e légion de la garde nationale prendra le boulevard des Invalides et du Mont-Parnasse, la rue de Vaugirard, la place St-Michel, la rue de la Harpe et les ponts St-Michel et au Change, et en suivant cette direction se rendra dans ses quartiers.

L'artillerie prendra le boulevard des Invalides, longera tous les boulevarts intérieurs jusqu'au pont d'Austerlitz, et suivant le quai de la Râpée et les boulevarts extérieurs, ira rejoindre la route de Vincennes à la barrière du Trône.

Le maréchal, commandant supérieur,

Signé : *comte Gérard.*

Pour ampliation,

Le lieutenant-général, chef d'état-major,

Signé : *Jacqueminot.*

Voici le programme arrêté par M. le ministre de l'intérieur pour la cérémonie des funérailles de l'Empereur Napoléon :

Le convoi qui porte les restes mortels de l'Empereur Napoléon arrivera à Courberoie le lundi, 14 décembre.

Son arrivée sera annoncée par une salve de vingt-un coups de canon, tirés à l'hôtel royal des Invalides.

Le bourdon de Notre-Dame et les cloches de toutes les églises de Paris sonneront à grande volée le lundi, 14 décembre au soir, et le lendemain, depuis le départ de Courbevoie jusqu'à la fin de l'office religieux.

Le mardi, 15, à neuf heures du matin, les marins de la *Belle-Poule* débarqueront le cercueil et le placeront sur le char impérial, qui, dès la veille, aura été conduit dans le temple funèbre construit devant le lieu de débarquement.

Au moment du départ, l'artillerie exécutera une salve de vingt-un coups de canon.

A la première décharge, le convoi se mettra en marche.

Le cortége suivra l'itinéraire ci-après :

Le pont de Neuilly,

La route de Neuilly,

L'arc de triomphe de l'Étoile,

L'avenue de Neuilly;

La place de la Concorde,

Le pont de la Concorde,

Le quai d'Orsay,

L'esplanade des Invalides.

Pendant tout le trajet, un coup de canon sera tiré de quart-d'heure en quart-d'heure, et un corps de musique militaire exécutera des symphonies et marches funèbres.

La haie sera formée depuis le pont de Neuilly jusqu'à l'hôtel royal des Invalides par les bataillons de la garde nationale et de l'armée qui ne seront pas employés dans le cortége.

Sur toute la ligne, au moment où le char funèbre passera, les troupes rendront les honneurs militaires.

Le cortége marchera dans l'ordre suivant :

(Suit l'ordre du cortége tel que nous l'avons publié ci-dessus.)

Le cortége continuera sa marche par l'avenue de Neuilly et le pont de la Concorde.

Le Gymnase musical militaire exécutera sur la place des Invalides des symphonies funèbres.

Le char s'arrêtera à la grille principale de l'Hôtel royal des Invalides sous un portique de deuil.

Une salve de vingt-un coups de canon annoncera son arrivée.

Le cercueil, porté par les marins de *la Belle-Poule*, traversera la première cour de l'hôtel, passera sous la porte de Louis XIV et sera déposé sous un porche funèbre élevé devant le portail de l'église.

Les cavaliers portant les quatre-vingt-six drapeaux des départemens iront se ranger dans la première cour à droite, et à gauche devant la façade de l'Hôtel.

Deux amphithéâtres, dressés dans la cour Royale et les galeries supérieures, recevront les invalides, les anciens militaires de la garde impériale qui se seront fait reconnaître et les personnes munies de billets.

Sous le dôme sera élevé le catafalque.

Le roi et la reine, ainsi que les princes et princesses de la famille royale, assisteront à la cérémonie.

L'intérieur du dôme sera occupé par MM. les membres de la chambre des pairs placés sur l'estrade à gauche.

Des estrades sont pareillement réservées aux députations des corps de l'état.

Les assistans devront être arrivés avant onze heures du matin. Passé cette heure, ne pourront plus entrer que les personnes faisant partie du cortége qui auront des places réservées.

On arrivera en voiture par la porte de la Boulangerie, boulevart des Invalides, et à pied, par la grille principale.

Le clergé entrera par la porte du jardin de l'aumônier des Invalides.

Les dames et les hommes ne seront admis qu'en grand deuil.

Les personnes en costume et en uniforme porteront le crêpe au bras et à l'épée.

Le cercueil sera reçu sous le porche funèbre par M. l'archevêque de Paris et son clergé.

Après l'eau bénite, il sera porté par des sous-officiers de la garde nationale et de l'armée, jusqu'à l'entrée du dôme, où le roi se trouvera pour recevoir le corps de l'empareur Napoléon, qui lui sera présenté par S. A. R. M. le prince de Joinville.

L'épée de l'Empereur, placée sur le cercueil, sera portée sur la crédence par M. le lieutenant-général Bertrand.

Le cercueil sera ensuite élevé sur le catafalque. Aux quatre coins, se placeront sur leurs fauteuils MM. les maréchaux, l'amiral et le lieutenant-général Bertrand qui auront tenu le poële.

Le service sera célébré par Mgr l'archevêque de Paris.

Les absoutes seront faites par Mgr l'archevêque de Paris et par quatre évêques pendant le *De Profundis.*

Une dernière salve de vingt-un coups de canon annoncera la fin de l'office religieux.

Durant la cérémonie, le bateau-catafalque et les autres bateaux du convoi, pavoisés de deuil, prendront position dans le bassin de la Seine, en face des Invalides, et exécuteront des salves de quart-d'heure en quart-d'heure.

Après la cérémonie, une garde d'honneur sera placée auprès du catafalque.

Le lendemain 16 et les jours suivans, le public sera admis à visiter l'église des Invalides.

Un supplément à cette relation sera publié et contiendra la fin des détails de la cérémonie des funérailles de Napoléon, fête funèbre et nationale, la plus magnifique peut-être et la plus imposante dont l'histoire ait consacré le souvenir.

LES CENDRES

DE

NAPOLÉON,

POÈME,

SUIVI D'UNE PIÈCE DE VERS

SUR

L'INAUGURATION DE LA STATUE DE NAPOLÉON

SUR LA PLACE VENDOME.

1815

LES CENDRES

DE

NAPOLÉON.

Je désire que mes cendres reposent sur les bords de la Seine, au milieu de ce peuple français que j'ai tant aimé.

(TESTAMENT DE SAINTE-HÉLÈNE,
16 avril 1821.)
TOUT POUR LE PEUPLE FRANÇAIS.
NAPOLÉON.

Debout contre un rocher où la zone torride
Épanche tous les feux d'un soleil homicide,
Le prisonnier des rois, leur martyr, le héros,
Rêvant le retour, dit à l'abîme des flots :
« De clocher en clocher, aux tours de Notre-Dame
» On vit l'aigle voler portant mon oriflamme... »

Mélancolique et beau de son adversité,
Quand le soleil paraît dans sa course arrêté,
Il cherche à l'horizon la blancheur d'une voile,
Interroge le jour, ou consulte une étoile.
Un point surgit, s'approche et s'agrandit sur l'eau.....
Mais les vents, loin du bord, emportent le vaisseau !
Il tressaille, il pâlit, reprend le télescope,
Rafraîchit sa poitrine à la brise d'Europe,
Et parle à l'Océan, à ce gouffre profond
Moins profond que ses maux.....L'Océan lui répond :
Dans les flots écumeux de Longwood, un navire

Jette l'ancre, venu de son ancien empire.....

« O mon fils! O ma mère!..... En ce désert affreux

» De grâce, parlez-moi! parlez-moi de tous deux! »

Inutile désir!..... L'infâme calomnie

S'abreuve encor des pleurs que verse le génie.

Ce monstre seul rugit au milieu du désert.....

Nul fruit rafraîchissant à ta soif n'est offert.

Proscrit des rois, tu meurs dans l'exil et l'outrage,

Tu meurs en embrassant..... ton fils? — Non : son image....

France! celui qui fut l'aigle de ton drapeau,

Au sol de la patrie a conquis son tombeau !

Il remporte au cercueil encore une victoire!

Et ce dernier laurier manquait à son histoire.

Napoléon n'est plus qu'un noble souvenir

Que le passé si grand raconte à l'avenir.

Quelle main assez forte, en son orgueil trempée,

Pourrait porter le poids d'une pareille épée ?

Nul prince du héros n'a donc point hérité ,

Une si haute gloire est sans postérité.....

O France! ô ma patrie! et toi, vieille Angleterre!

Vos communs intérêts dans la paix , dans la guerre,

Vous commandent l'oubli d'un passé douloureux :

Votre rivalité vous perdrait toutes deux.

Vous pouvez vous aimer dans vos nobles victoires.

Ah! craignez d'isoler vos forces et vos gloires!

Par quel triste attentat un ministre imprudent

Voudrait-il au Kremlin accrocher le trident?

Sur le tombeau sacré d'une auguste victime

Que rend à notre amour le remords d'un grand crime;

Dans le cercueil où dort le guerrier, roi des rois,
Qui vient donc réveiller les haines d'autrefois?
Briser le noble accord où le pouvoir se fonde
Et tenter d'exiler la liberté du monde?
Napoléon l'a dit, un œil sur l'avenir :
Le monde est assez grand, il peut vous contenir!.....
Oui, le monde appartient à la *franche* alliauce
Du trident d'Albion et du sceptre de France.

La terre admirera toujours le conquérant

Qui dépassa César et Charles dit le Grand,

Jadis jeune et couvert des palmes italiques,

Et martyr glorieux des flots océaniques!

Mais faut-il n'admirer dans lui que le guerrier?

Sa gloire a plus d'un nom, son front plus d'un laurier.

La France languissait d'une longue agonie :

Napoléon se lève, et devient son génie.

A l'appel de sa voix, le pays est doté

De lois, d'ordre, de force et de vitalité.

Interprète éclairé de la raison publique,

Sur elle il établit sa large politique.

Comme son nom, il rend son ouvrage immortel,

Tend la main aux proscrits, et relève l'autel.

A l'arbre social il donne des racines,

Et consolide enfin le pouvoir en ruines.

Par de puissans ressorts, sa mâle volonté

Dans les divers pouvoirs combine l'unité,

Et vers le même but fait converger en France

Les centres , les rayons et la circonférence.

Son œil embrasse tout ; sage législateur,

Des droits et des devoirs il est le fondateur.

Au milieu des combats de sa noble épopée,

Son Code ne fut point écrit par son épée.

Son génie, en éveil sur tous nos intérêts,

Féconde l'industrie et sèche les marais.

De routes , de canaux , il sillonne la France ,

Sur les fronts les plus hauts fait passer sa puissance.

Il dit à Saint-Gothard : tu gênes mes soldats!

La montagne aussitôt s'abaisse sous ses pas.....

Tel est Napoléon ! Que l'univers réponde :
Quel homme fut plus grand dans l'histoire du monde ?

La gloire a quatre noms brillans à son sommet :
Charlemagne, César, Moïse et Mahomet !
Il pressentait les temps, il devinait les hommes,
Visait aux jours passés dans les jours où nous sommes ;
Le sens le plus profond régnait dans ses discours ;
Il dominait les faits et dirigeait leur cours.
A l'armée, au sénat, dans la foule empressée,
Lui seul pouvait sonder le fond de la pensée,
Et plus d'un homme encor le combat aujourd'hui
Sans pouvoir le comprendre et s'élever à lui.
Sa parole était brève, éclatante d'images,
Elle se colorait à l'éclair des orages
De son ardent génie. En ses jours merveilleux
Chaque heure est une date écrite dans les cieux.

L'amour avait sa part dans sa grande existence :
Joséphine, il t'aimait, comme il aimait la France ;
A la gloire, aux combats tu disputas son cœur,
Et, seule, tu vainquis ce superbe vainqueur !
Souvent il préféra ton baiser, ton sourire,
Aux bruyantes clameurs de son immense empire.....

Jeune prince choisi pour un mandat sacré ,
Par la gloire et l'honneur noblement inspiré !
Pars, Joinville !..... Au retour, qu'une mer sans tempête
Porte, sur ton vaisseau, pour une immense fête,
Les restes d'un héros trop longtemps tourmenté,
Qui, comme l'Océan, fut toujours agité !

Voguez, nobles débris du plus grand des naufrages ;
Abordez saintement dans l'île des orages.
Soldats! vous avez su garder, au fond du cœur,
Cette religion que l'on doit au malheur.
Las Cases!..... C'est Longwood, immortelle vallée !
Bertrand ! Gourgaud !..... Pleurez ! Voilà son mausolée !
Depuis près de vingt ans, c'est là qu'enseveli,
Dans son calme profond, mais non pas dans l'oubli,
Tu dors, Napoléon !..... au roc de Sainte-Hélène,
De ton grand souvenir la mer est encor pleine !

Adoré des soldats, pleuré des matelots,
Ton nom roule et bondit sur la terre et les flots !
Resté jeune toujours de génie et de gloire,
Tu remplis l'univers et déborde l'histoire !

Vous, ses vieux serviteurs, éprouvés par le sort,
Dévoués dans l'exil, à la vie, à la mort,
Combien de souvenirs, marqués en traits de flamme,
Auprès de ce tombeau vont assiéger votre âme !.....
Levez avec respect les restes glorieux
Du soldat Empereur qui s'est passé d'aïeux,
Et qui fut cependant souverain légitime
Par le choix du grand peuple et sa puissante estime !
Du rivage étranger emportez ce cercueil
Que tout un peuple attend dans un sublime orgueil.
De nos drapeaux couvert, sur un trône d'ébène,
Quand l'immortel dépôt paraîtra sur la Seine,
Et qu'il s'approchera ; — quand, dans sa majesté,
On le verra, muet, parmi nous arrêté ;

Que de joie et de pleurs! Quel imposant spectacle !
On dira que c'est Dieu qui permet un miracle.
Le peuple, prosterné, découvrira son front,
Et des clameurs sans fin jusqu'aux cieux monteront.
En suivant du cercueil la marche triomphale,
On pourra croire entendre une voix sépulcrale
Jeter au loin ces mots : « O France! me voici !
» Ma cendre t'appartient, je suis à toi; merci!..... »
Dans cette apothéose et civile et guerrière,
Le tombeau du héros d'une vive lumière
Aux regards des Français alors s'éclairera,
Et l'épée immobile un moment frémira.

Vieux soldats mutilés, ouvrez les Invalides !
Le vainqueur d'Austerlitz, d'Eylau, des Pyramides,
Le conquérant qui mit l'Europe à ses genoux,
A franchi l'Océan, et se rend parmi vous !
Vous aurez son tombeau qui vient de Sainte-Hélène!.....
Guerriers des temps passés, Vauban, et toi, Turenne,
Qui fus placé jadis dans le caveau des rois :
Il vient! Tressaillez tous, grands hommes d'autrefois !

Brave Jourdan! Mortier! le voici qui s'avance!
Ensemble reposez dans l'éternel silence!.....
Vous qui vivez encor, vous, ses anciens soldats,
Dans la gloire et le sang qui marquâtes vos pas
Pour repousser des rois la si longue entreprise,
Du *petit caporal à la capote grise*
C'est la cendre!..... Chez vous il vient, il vient dormir.
De joie et de regret vous allez tous frémir;

Tous vous allez parler de vos vieilles alarmes ;
Vos yeux vont s'obscurcir et retrouver des larmes.
Sous son dôme imposant par son ordre doré,
Il sera, comme un dieu, de vous tous adoré !
Son souvenir déjà vous presse et vous enlace ;
Lui-même pour sa tombe eût choisi cette place.
Que la Colonne et l'Arc en paraissent jaloux :
Votre vieux capitaine est fort bien parmi vous !

Et toi son compagnon, des guerriers le modèle,
Moncey, que le malheur trouve encor plus fidèle,
Qui conserves son culte, et respectes sa foi :
Sur ce tombeau sacré, vieillard, repose-toi !

Sa cendre est confiée à ta noble vieillesse :
Qu'elle rallume en toi le feu de ta jeunesse !

Sur le grand escalier, quand, à Fontainebleau,
L'aigle en pleurs pressentait sa chute à Waterloo,
Petit ! tes vieux soldats dans leur douleur guerrière,
Ont reçu du héros l'accolade dernière.
Marchand, qui le servis jusqu'au dernier moment,
Ton maître t'ennoblit de son attachement ;
Son estime pour toi ne s'était point trompée.....
Bertrand ! Napoléon te légua son épée
Dans son adieu de mort. Sa lame a reflété
Tout l'éclat de son nom à la postérité.
Un fils de roi, sans trône, est mort dans sa souffrance.....
Aujourd'hui cette épée appartient à la France !
Qu'elle dise à tout roi, tout prince, tout guerrier :
La foudre peut tomber sur le plus haut laurier.
Il n'est pas un pouvoir qui ne soit périssable ;
Tout trône, dans ce monde, est bâti sur le sable !

Gérard, nous t'entourons d'un civique respect ;
La haine des partis recule à ton aspect.
Nul stygmate ne pèse à ton front vénérable !
Et qui profanerait ta gloire inaltérable !
Si grand dans nos succès, si pur dans nos malheurs,
Tu versas pour la France et ton sang et tes pleurs.
Tu ne combattis point pour d'autres que pour elle.
Aux champs de Waterloo, pieusement fidèle,
Tu courus à l'appel que faisait le canon ;
La victoire en fuyant souriait à ton nom,

Les traîtres pâlissaient, l'honneur ouvrait son temple :
Ta gloire est un beau livre, et ta vie un exemple.

Vous, ministres *, levez la tête avec orgueil.
La grande voix du peuple appelait ce cercueil :
Vous l'avez entendue,..... et Thiers, dans cet hommage,
De son livre a, d'un mot, fait la plus belle page.

Denis et Pierron, Novaret, Archambault,
Vous êtes conviés au banquet du tombeau.
Partez, vieux serviteurs du géant de la guerre,
Et couronnez de fleurs la coupe funéraire.

Puisse, Napoléon, un artiste immortel,
Élever sur ta cendre à la gloire un autel !
Qu'il imprime ton âme à ce sublime ouvrage ;
Que ce bronze vivant soit debout d'âge en âge ;
Qu'il enflamme le brave et le rende plus fort ;
Et que l'habit se trouve à la taille du mort !
Point de vains ornemens : ils seraient pénurie.....
Artiste, anime-toi du feu de la patrie !

Dans les murs de Berlin, vainqueur, Napoléon,
Pressé sous l'ascendant d'un souvenir, d'un nom,
Pensif, les bras croisés, sans éclat et sans suite,
Tu fis à Frédéric ta première visite ;
Frédéric te reçut couché dans son caveau.....
Le silence parlait au fond de ce tombeau.....

* Du 1er mars.

Ainsi, quel étranger, quel roi voudra descendre
Désormais sur nos bords, sans visiter ta cendre?

Arrière! Taisez-vous, impuissans détracteurs!
Tous ceux qu'il a vaincus sont ses admirateurs.
Mnette, en écoutant les échos de la Loire,
Que la Liberté jette un pardon sur sa gloire.....
J'admire le héros : pourtant, je ne veux pas
De baillon à ma bouche, et de fers à mes pas ;
La France ne doit point se changer en caserne :
A nous la liberté ! Qu'en reine elle gouverne!
Il faut à mon esprit le soleil pour flambeau?
Mais pourquoi tant de haine en face d'un tombeau?
Pourquoi poursuivre une ombre errante et sans couronne,

Vous outragez un mort sur les débris d'un trône !.....
Peuple ! ce mort doit vivre, et de tout l'avenir,
Son plus beau monument sera ton souvenir.
Le Turc, comme bientôt, l'Hindou dans sa pagode,
A côté du Koran voudra placer son Code ;
Le monde entier s'incline : esprits trop mécontens,
Mesurez le grand homme à l'échelle du temps.
Le vieux chêne abattu conserve encor sa cîme,
Des peuples écoutez le concert unanime.
L'histoire se fatigue à répéter son nom,
Ce nom impérissable et *seul* :....... NAPOLÉON.

INAUGURATION

DE LA

STATUE DE NAPOLÉON

SUR LA PLACE VENDOME.

———

Sous le roi qu'en trois jours son parjure a chassé,
Je disais, le front triste et le regard baissé :
 « J'ai visité cette colonne
» Qui jusque dans les cieux porte son front d'airain,
 » Que tant de gloire environne,
» Et qu'un homme, en courant, éleva de sa main.
 » Cette colonne étincelante
 » Longtemps effraya l'univers :
 » Sa robe, dépouille sanglante,
 » Des rois étale les revers.
» L'aigle tombé du ciel, et dormant sur la terre
» Orne sur quatre points sa base solitaire.
 » Ce monument d'un noble orgueil
» Des changemens humains a rencontré l'écueil.
» Aujourd'hui délaissé, silencieux et sombre,
» Comme un vain souvenir, il projette son ombre.....
 » Et cependant près de lui quelquefois,
 » Pensif un vieux guerrier s'arrête,
 » Tressaille, et secouant la tête,
 » Prononce le mot *autrefois*. »

La colonne était veuve alors de son grand homme!
La France était livrée aux caprices de Rome.
Alors, on marchandait nos moindres libertés,
Et l'éteignoir tombait sur toutes nos clartés.

Personne n'eût osé, dans la foule timide,
Au sommet de l'airain montrer la place vide.
On voulait faire entrer la honte dans nos pleurs ;
Et comme je l'ai dit dans mes saintes douleurs :

« Notre drapeau, sans aigle, en sa gloire dernière,
» Aux champs de Waterloo roula dans la poussière :
» Il perdit ses couleurs dans les larmes, le sang,
» Déteint par l'étranger qui nous le rendit blanc. »

Maintenant de ses plis, si le rouge s'efface,
Nous avons tous du sang : que le sang le remplace!

Notre France trahie avait frémi d'horreur,
En voyant un cosaque enlever l'Empereur,
S'acharner contre un bronze et, dans sa valeur blême,
A la victoire ôter son glorieux emblême.....
Napoléon tomba, mais non son piédestal,
Qui resta pour l'attendre en un jour moins fatal.
Lasse de ses affronts, la France retrempée
Sous le plus chaud soleil a ressaisi l'épée.
Dans le flot populaire, aux longs éclats des voix,
La colonne a repris sa splendeur d'autrefois.
Tout citoyen est fier d'en mesurer le faîte,
Ce jour réparateur est un vrai jour de fête ;

La France, dans les airs, a mis son Panthéon.
On crie, après sa mort, vive Napoléon !
On pense à Sainte-Hélène, à cette onde infinie
Dont l'amertume bat la tombe du génie.
On songe à la patrie, on rêve les combats,
On serre mieux les rangs, on marque mieux le pas ;
Puis vers la grande image on se retourne encore,
Et l'on promet sa cendre au drapeau tricolore.
Colonne ! Auprès de toi de gloire on a besoin.
Le souvenir grandit, et l'on voit de plus loin ;
Les soldats citoyens portent plus haut leurs têtes,
Et leur orgueil se mire en de vieilles conquêtes.....
Étranger ! pour combattre avant de te presser,
Près du bronze géant regarde-les passer.
Mesure la colonne, et consulte l'histoire
Sur l'airain tout entier fondu par la victoire......
Français, applaudissez au noble mouvement
Qui rend le plus grand homme au plus grand monument.

Aux besoins de la paix nous courbons nos courages.....
Mais si l'on menaçait encor nos doux rivages,
Pour sauver de juillet la conquête et les lois,
Aigle, prête ton vol à notre coq gaulois.
Télégraphe vivant, sentinelle avancée,
Tu sauveras d'un cri la France menacée.
Auprès de ton vieux maître, et de son étendard,
Sur la campagne au loin prolonge ton regard.
Les destins des Français reposent sous son aile ;
Ils sont encor remis à ta garde fidèle.
Si l'étranger armé franchissait nos chemins,

Souviens-toi de l'oiseau qui sauva les Romains,
Toi plus noble que lui, toi cent fois plus superbe,
Car tu nages dans l'air, quand il marche sur l'herbe.
Napoléon, debout, sur son autel d'airain,
Pourrait montrer du doigt les rivages du Rhin ;
Et des grands souvenirs agitant la pensée,
Ramener les Français dans leur grandeur passée.

Mais quels rois oseraient, dans leurs ambitions,
Jeter un cri de guerre au sein des nations ?
Gardons, gardons la paix et ses douces ivresses ;
La guerre a des fléaux, la paix a des richesses ;
Le laurier des combats porte un triste réveil,
Livrons-nous au repos, mais non pas au sommeil.
Par ses riches canaux que la noble industrie
Épanche ses flots d'or sur la mère-patrie.
Consolidons trois jours de gloire et de grandeur,
Sans pourtant que la paix fasse rougir l'honneur.